CALVINO
El sendero de los nidos de araña

NADA
Carmen Laforet

Los amores difíciles

CAMILO JOSÉ CELA
Viaje

PATRICIA HIGHSMITH
A pleno sol

LAS SOMBRAS RECOBRADAS
Gonzalo Torrente Ballester

MIGUEL DELIBES
Los santos inocentes

PATRICIA HIGHSMITH
Tras los pasos de Ripley

ALEJO CARPENTIER
Guerra del tiempo

ENTRE VISILLOS
Carmen Martín Gaite

LOLITA
Vladimir Nabokov

GRAHAM GREENE
El americano impasible

EL PERFUME
Patrick Süskind

CAMILO JOSÉ CELA
Pabellón de reposo

PRIMAVERA CON UNA ESQUINA ROTA
Mario Benedetti

VARGAS LLOSA
Pantaleón y las visitadoras

LA HOGUERA DE LAS VANIDADES
Tom Wolfe

TE LLAMARÉ VIERNES
Almudena Grandes

GRAHAM GREENE
El agente confidencial

WILT
Tom Sharpe

EL BOSQUE DE LA NOCHE

RBA EDITORES

DJUNA BARNES nació en Cornwall-on-Hudson, en el estado norteamericano de Nueva York, en 1892 y murió en la ciudad de Nueva York en 1992. Afincada en Europa, en el París de entreguerras frecuentó los ambientes de la bohemia y se relacionó con escritores como James Joyce o Samuel Becket. Poeta y ensayista, es conocida sobre todo por su obra narrativa, en la que destacan *Ryder*, *Humo*, *Perfiles*, *El bosque de la noche*, *El almanaque de las mujeres* y *El vertedero*.

EL BOSQUE DE LA NOCHE

Djuna Barnes

NARRATIVA ACTUAL

RBA EDITORES

Título original: *Nightwood*
Traducción: Ana M.ª de la Fuente

Pérez Galdós, 36 bis, 08012 Barcelona

Proyecto gráfico y diseño de la cubierta: Enric Satué
Ilustración cubierta: Joan Garrigosa

ISBN: 84-473-0037-4
Depósito Legal: B. 11.588-1993
Impresión y encuadernación:
LITOGRAFIA ROSÉS, S. A. Progrés, 54-60.
Polígono Industrial La Post. 08850 Gavà (Barcelona)

Impreso en España – Printed in Spain

A Peggy Guggenheim
y John Ferrar Holms

PRÓLOGO

Cuando se trata de prologar un libro de orden creativo, siempre me parece que los pocos libros que merecen ser presentados son precisamente aquellos que es impertinencia presentar. Yo he cometido ya dos impertinencias de éstas; ahora va la tercera y, si no es la última, nadie se sorprenderá más que yo. Este prólogo sólo de una manera puedo justificarlo: uno espera que los demás vean en un libro, la primera vez que lo lean, todo lo que uno ha ido viendo en él en el transcurso de una larga frecuentación. Yo he leído *El bosque de la noche* muchas veces, en manuscrito, en pruebas de imprenta y después de su publicación. Lo que puede hacer uno por otros lectores —suponiendo que, si leen este prólogo, lo lean al principio— es esbozar las fases más significativas de su apreciación del libro. Porque yo tardé algún tiempo en formar una apreciación de su significado en conjunto.

En una descripción de *El bosque de la noche,* hecha con el fin de atraer lectores a la edición inglesa, dije que «gustará especialmente a los amantes de la poesía». La frase es aceptable como síntesis publicitaria, pero quiero aprovechar esta ocasión para matizar un poco. No es mi deseo sugerir que la excelencia del libro sea eminentemente verbal y, mucho menos, que su asombroso lenguaje disimule una falta de contenido. Si el término de «novela» no está ya muy desvirtuado y si se refiere a un libro en el que se presentan unos personajes vivos, con una interrelación significativa, este libro es una novela. Yo no quiero decir que el estilo de Miss Barnes sea «prosa poética». Pero lo que sí quiero decir es que, en realidad, la mayoría de las novelas contemporáneas no están «escritas». Adquieren su parte de realidad por la minuciosa reproducción de los sonidos que hacen los seres humanos en sus simples necesidades diarias de comunicación; y la parte de la novela que no está compuesta por estos sonidos consiste en una prosa que no tiene más vida que el trabajo de un redactor periodístico o de un funcionario competente. Una prosa viva exige al lector algo que el lector de novelas corriente no está dispuesto a dar. Decir que *El bosque de la noche* gustará especialmente a los lectores de poesía no significa que no sea novela, sino que es una novela tan buena que sólo una sensibilidad aguzada por la poesía podrá apreciarla plenamente. La prosa de Miss Barnes tiene el ritmo propio de la prosa y un fraseo musical que no es el del verso. Este ritmo de prosa puede ser más o menos complejo o preciosista, según los fines del autor; pero, simple o complejo, es lo que imprime intensidad suprema al relato.

La primera vez que leí el libro, el primer movimiento, hasta la entrada del doctor me pareció un tanto lento y premioso. Y, durante toda la primera lectura, tuve la impresión de que únicamente el doctor daba vitalidad al libro. Y, también, el capítulo final me pareció superfluo. Ahora estoy convencido de que el último capítulo es esencial, tanto para la acción dramática como para la concepción musical. Sin embargo, lo curioso es que a medida que, en sucesivas lecturas, los otros personajes iban cobrando vida y el foco de interés se desplazaba, la figura del doctor no quedaba disminuida sino que, al ser integrada en el conjunto, adquiría un relieve diferente y una mayor trascendencia. El doctor dejaba de ser el actor brillante en una obra gris, interpretada sin gran convicción por el resto de la compañía, el actor cuya reaparición espera uno con impaciencia. Si, en la vida real, este personaje puede tender a monopolizar la conversación, matar la reciprocidad y eclipsar a las personas menos comunicativas, ello no ocurre en este libro. Al principio, sólo oímos hablar al doctor y no entendemos por qué habla tanto. Poco a poco, bajo su autocomplacencia y presunción —doctor Matthew-Poderoso-Grano-deSal-Dante-O'Connor— descubrimos un desesperado altruismo y una profunda humildad. Su humildad no aparece a menudo de forma meridiana como en la prodigiosa escena de la iglesia vacía, pero es lo que, en todo momento, le infunde su desvalido poder sobre los desvalidos. Sus monólogos, brillantes e ingeniosos como son, no están dictados por la indiferencia hacia otros seres humanos sino, por el contrario, por una hipersensible percepción. Cuando Nora va a visitarle por la noche (*Vigilante, ¿qué me cuentas de la noche?*), él, inmediatamente, advierte que lo único que puede hacer por ella («estaba irritado, porque esperaba a otra persona») —la única forma de «salvar la situación»— es hablar torrencialmente, aunque ella apenas se entera de lo que le dice sino que vuelve una y otra vez a su obsesión. Y él al final se subleva, después de haberse volcado en los demás, sin recibir a cambio el menor apoyo. *Toda la gente de mi vida que me ha amargado la vida, que venía a mí para saber de la degradación y de la noche.* Pero, casi siempre, él habla para ahogar el débil llanto y el gemido de la humanidad, para hacer más soportable su vergüenza y menos vil su miseria.

En verdad, un personaje como el del doctor O'Connor no podía ser el único real en una galería de muñecos: un personaje semejante necesita de otros personajes reales, aunque sean menos lúcidos, a fin de lograr su plena realidad. No hay en el libro personaje que no permanezca vivo en mi mente. Felix y su hijo son opresivamente reales. A veces, en una frase, los personajes cobran vida tan súbitamente que uno se sobresalta, como el que cree que toca una figura de cera y descubre que es un policía de carne y hueso. El doctor dice a Nora: «Yo me defendía bastante bien hasta que tú levantaste mi piedra de un puntapié y tuve que salir, todo musgo y ojos.» Robin Vote (el personaje que más nos intriga, porque lo sentimos perfectamente real, sin acabar de comprender el medio por el cual la autora consigue que la sintamos así) es la visión de *un antílope bajando por una arboleda, coronado de azahar, con un velo nupcial y una pata levantada en actitud temerosa;* y después tiene *unas sienes como las de los venados jóvenes cuando les apunta el cuerno, como ojos dormidos.* A veces, también, una situación que ya habíamos intuido se condensa bruscamente con vívido horror mediante una frase, como cuando Nora, al ver al médico en la cama, piensa: «*Dios, los niños saben cosas que no pueden explicar: a ellos les gusta ver a Caperucita y al Lobo en la cama.*»

El libro no es, simplemente, una colección de retratos individuales; los personajes están enlazados entre sí, como las personas de la vida real, por lo que podríamos llamar el azar o el destino más que por la elección deliberada de la compañía del otro: el foco de interés es el dibujo que forman, más que cualquier componente individual. Llegamos a conocerlos a través del efecto que surten unos en otros. Y, por último, huelga decir —aunque quizá no para el que lo lea por primera vez— que este libro no es un estudio de psicopatías. Las penas que sufren las personas por sus particulares anormalidades de temperamento son visibles en la superficie: el significado más profundo es que la desgracia y la esclavitud humanas son universales. En las vidas normales, esta desgracia queda escondida; con frecuencia, lo que es más triste, escondida para el que la padece más que para el observador. El enfermo no sabe lo que tiene; en parte, quiere saberlo, pero lo que más desea es ocultarse el conocimiento a sí mismo. Según la moral puritana que yo recuerdo, antes se suponía implícitamente que, si uno era laborioso, emprendedor, inteligente, práctico y respetuoso con los convencionalismos sociales, uno tenía una vida feliz y «provechosa». El fracaso se debía a cierta debilidad o perversidad peculiar del individuo; pero una persona «como Dios manda» no tenía por qué padecer. Ahora es más común suponer que las desgracias del individuo son culpa de la «sociedad» y que pueden remediarse por cambios del exterior. En el fondo, ambas filosofías, por distintas que aparezcan en su forma de operar, son iguales. Me parece que todos nosotros, en la medida en que nos aferramos a objetos creados y aplicamos nuestra voluntad a fines temporales, estamos roídos por el mismo gusano. Visto de este modo, *El bosque de la noche* adquiere un significado más profundo. Contemplar a este grupo de personas como fenómenos de feria no sólo es errar el golpe sino reafirmar nuestra voluntad y endurecer nuestro corazón en una inveterada soberbia.

Yo habría considerado el párrafo anterior impertinente y tal vez pedante para un prólogo que no tiene más ambición que la de ser una simple recomendación de un libro que admiro profundamente, si una reseña (por lo menos) de las ya aparecidas, ostensiblemente con ánimo de elogio, no pudiera inducir al lector a adoptar esta errónea actitud. Por regla general, al tratar de prevenir una mala interpretación, se corre el peligro de suscitar otra falsa apreciación imprevista. Ésta es una obra de imaginación creativa, no un tratado filosófico. Como digo al principio, me parece una impertinencia el mero hecho de presentar este libro; y el haber leído un libro muchas veces no necesariamente te infunde el conocimiento adecuado de lo que debes decir a los que todavía no lo han leído. Lo que yo pretendo es dejar al lector en disposición de descubrir la excelencia de un estilo, la belleza de la frase, la brillantez del ingenio y de la caracterización y un sentido del horror y de la fatalidad digno de la tragedia isabelina.

1937 T. S. ELIOT

En la segunda edición

Como observará el lector, el prólogo que antecede fue escrito hace doce años. Dado que mi admiración por el libro no ha disminuido y la única razón para hacer modificaciones sería la de suprimir o disimular la evidencia de mi falta de madurez en el momento de escribirlo —tentación que puede presentarse a cualquier crítico que repase sus propias palabras tras un lapso de doce años— me parece conveniente no tocar un prólogo que, espero, aún pueda cumplir su finalidad original de apuntar un enfoque que me parece útil para el nuevo lector.

1949 T. S. ELIOT

UNA PROFUNDA REVERENCIA

A principios de 1880, pese a tener fundadas dudas acerca de la conveniencia de perpetuar esa raza que posee la aprobación del Señor y la reprobación de los hombres, Hedvig Volkbein —vienesa de gran vigor y belleza militar, en un lecho con dosel de intenso y espectacular carmesí, con las alas bifurcadas de la casa de Habsburgo estampadas en la cenefa y edredón de plumas con el escudo de los Volkbein fastuosamente bordado en oro viejo— dio a luz, a los cuarenta y cinco años, a su único hijo, siete días después del anunciado por su médico para el parto.

Volviéndose y contemplando su campo visual, que vibraba con la trepidación de un batir de cascos de caballos en la calle, la mujer, con la prosopopeya del general que saluda a la bandera, le puso el nombre de Felix, parió y murió. El padre había sucumbido a unas fiebres seis meses antes. Guido Volkbein, judío de ascendencia italiana, *gourmet* y *dandy*, que nunca se presentaba en público sin la pelusilla de la cinta de una desconocida condecoración en el ojal de la solapa, era un hombre bajo, fornido, de altiva timidez, con un abdomen levemente protuberante en curva ascendente que hacía destacar los botones del chaleco y el pantalón, marcando el centro exacto de su persona con la línea obstétrica que ofrecen las frutas, inevitable secuela de las copiosas dosis de borgoña, nata y cerveza.

Guido había hecho del otoño su estación por ser ésta para él época de nostalgia y horror, en la que le asaltaban recuerdos raciales. Y se le veía pasear por el Prater llevando en el puño, bien visible, el delicado pañuelo de lino amarillo y negro que clamaba contra el decreto de 1468 dictado por un tal Pietro Barba, por el que se exigía que los de la raza de Guido corrieran en el Corso, con una cuerda al cuello, para diversión del populacho cristiano, mientras las damas nobles, sentadas en posaderas excesivamente delicadas para el reposo, se ponían en pie y, con los cardenales y los *monsignori* de roja sotana, aplaudían con ese abandono frío e histérico a la vez de un pueblo que es a un tiempo injusto y feliz; el mismo Papa soltaba su asidero del cielo, estremecido con la risa del hombre que renuncia a sus ángeles para recobrar a la bestia. Este recuerdo y el pañuelo que lo simbolizaba habían exacerbado en Guido la conciencia de lo que supone ser judío (al igual que ciertas flores que, estimuladas a la apoteosis de un éxtasis de floración, no bien alcanzan su variedad específica, empiezan a degenerar). Y él, sofocado, imprudente y condenado, con los párpados temblorosos sobre sus ojos saltones, compartía, lívido, un sufrimiento que, al cabo de cuatro siglos, hacía de él una víctima, y sentía en la garganta el grito que antaño recorriera la Piazza Montanara, «*Roba vecchia!*» —la degradación por la que su pueblo había sobrevivido.

Guido, que a los cincuenta y nueve años aún no había sido padre, preparó para el hijo que esperaba un corazón forjado según su propio corazón, imbuido de su propia preocupación, el implacable homenaje a la nobleza, la genuflexión que la bestia acosada hace por contracción muscular prosternándose ante lo inminente y lo inaccesible, como ante un gran calor. Ello había hecho sentir a Guido, como haría sentir a su hijo, el peso de una sangre prohibida.

Y sin hijos se murió, salvo por la promesa que pendía del cinto cristiano de Hedvig. Guido había vivido como todos los judíos que, separados de su gente por azar o por voluntad, descubren que han de habitar en un mundo constituido por seres que, por ser diferentes, obligan a la mente a sucumbir a un populacho imaginario. Cuando un judío muere apoyado en un pecho cristiano, muere empalado. Hedvig, con toda su angustia, lloraba por un paria. En aquel momento, su cuerpo se convirtió en barrera y Guido murió contra aquella pared, solo y atormentado. Durante su vida, él hizo cuanto pudo para salvar aquella distancia inconmensurable, y el más lastimoso y fútil de sus esfuerzos fue el de asumir una baronía imaginaria. Adoptó la señal de la cruz; dijo que era austríaco, descendiente de un linaje muy antiguo, casi extinguido y, para probar su afirmación, exhibía la más asombrosa y vaga de las pruebas: un escudo de armas usurpado y una lista de antepasados (con sus nombres de pila) apócrifa. Cuando Hedvig descubrió sus pañuelos negros y amarillos, él dijo que los guardaba en recuerdo de una rama de su familia que había florecido en Roma.

Guido trató de compenetrarse con ella, adorándola, imitando su paso elástico y marcial que, en él, resultaba forzado y cómico. Ella habría hecho otro tanto, pero, percibiendo en él un algo profanado y retraído, encajó el golpe como cumple a una gentil —aproximándose a él con reserva. Ella creía todo lo que él le decía, pero con harta frecuencia preguntaba: «¿Qué sucede?» —ese continuo reproche que era un continuo recordatorio de su amor. Era como una acusación perenne en la vida de Guido. Él, atormentado, hablaba con encomio de la realeza, profiriendo elogios con la fuerza que se imprime a un chorro pequeño aplicando el pulgar al caño. Reía con excesiva jovialidad cuando estaba en compañía de títulos de menor rango, como si, por su buena disposición, pudiera proporcionarles una distinción soñada. Al enfrentarse nada menos que a un general de crujiente cuero, con esa economía de movimientos común a los militares, que parecen respirar de dentro afuera, exudando olor a pólvora y a caballo, letárgicos pero preparados para participar en una guerra no programada todavía (un tipo al que Edvig apreciaba mucho), Guido se estremecía con un temblor imperceptible. Advertía en Hedvig el mismo porte, la misma mano vigorosa, aunque fundida en un molde más pequeño, reducción de tamaño tan siniestra como la de una casa de muñecas. La pluma de su sombrero, afilada como cuchillo, parecía tremolar a impulsos de un viento heráldico; era una mujer dotada de fuerte brío natural, rotunda, exuberante y alegre. Al mirarlos a los dos, él se sentía cohibido, como si estuviera a punto de recibir una reprimenda, no del oficial sino de su esposa.

Cuando ella bailaba, un poco alegre por el vino, la pista era como un campo de maniobras; tenía un taconeo seco y preciso; unos hombros, erguidos como los que lucen galones e insignias de mando; el gesto de la cabeza denotaba la fría vigilancia del centinela cuya ronda no está exenta de motivos de aprensión. A pesar de todo, Hedvig hacía cuanto podía. Si alguna vez existió lo que podríamos llamar el *chic* macizo, ella lo personificaba —pero con un toque de inquietud. Lo que la mantenía en vilo, aun sin darse cuenta, era la pretensión de Guido de que era barón. Ella lo creía como el soldado «cree» una orden. El hormiguillo de la intuición, algo de lo que ella no habría hecho el menor caso, no iba descaminado. Hedvig se había convertido en baronesa sin cuestionárselo.

En la Viena de los tiempos de Volkbein, eran pocas las profesiones en las que se recibía con agrado a los judíos, pero en este caso, él, mediante negocios con mercancías del ajuar doméstico, con atinadas compras de viejos maestros de la pintura y de primeras ediciones y cambios de moneda, consiguió para Hedvig una casa en el casco antiguo, con vistas al Prater por el Norte, una casa grande, sombría e imponente que se convirtió en fantástico museo de su vida en común.

Los largos salones barrocos, saturados de terciopelos y oro, estaban poblados de fragmentos romanos, blancos e inconexos; una pierna de corredor, una fría cabeza de matrona medio vuelta, sobre un busto herido, en cuyos osados y ciegos ojos las sombras dibujaban la pupila, como si lo que contemplaran fuera un acto del sol. El salón era de nogal. Encima de la chimenea colgaban unas impresionantes copias del escudo de los Médicis y, a su lado, el ave austríaca.

Tres grandes pianos se extendían sobre el

grueso nudo sangre de dragón de unas alfombras madrileñas (Hedvig había interpretado los valses de su juventud con brío competente y varonil, al ritmo acelerado de su sangre, con ese aire que imprimen a su ejecución los vieneses que, aunque animados por amor al ritmo, tocan como el que se bate en duelo). El estudio albergaba dos gigantescos escritorios de fastuosa y sanguinolenta madera. A Hedvig le gustaban las cosas de dos en dos y de tres en tres. En el arco central de cada escritorio se habían clavado tachas de plata formando las figuras de un león, un oso, un carnero y una paloma y, en medio, una antorcha llameante. El diseño fue realizado bajo la supervisión de Guido, quien, improvisando sobre la marcha, lo reivindicó como escudo de los Volkbein, aunque después resultó una fauna heráldica que hacía tiempo había empezado a decaer a causa del desagrado papal. Los balcones (toque francés que Guido consideraba muy elegante), que miraban al parque, tenían cortinajes de terciopelo del país y telas de Túnez y las persianas venecianas estaban pintadas de ese tono granate tan caro a los austríacos. Sobre las paredes que se alzaban detrás de la larga mesa y que estaban recubiertas con chapa de roble hasta donde se iniciaba la curva del techo, colgaban dos retratos de tamaño natural del padre y la madre que Guido se había adjudicado. Ella era una suntuosa florentina de ojos vivos y maliciosos y boca grande y entreabierta. Las mangas, abullonadas y adornadas de perlas, se alzaban hacia las ondas de encaje almidonado que nimbaban su cabeza cónica de melena trenzada. La acumulación de tela del vestido le caía en profundos pliegues. La cola, que parecía deambular por entre un fondo de árboles primitivos, tenía el espesor de una alfombra. La mujer parecía estar esperando un pájaro. El hombre, precariamente montado en un corcel, más que cabalgar parecía estar descendiendo sobre él. Entre la silla y el calzón que ceñía el anca del jinete, se divisaba un trozo de cielo azul italiano. El artista había captado al caballo al salir de un salto, con las crines volando y la cola ondulada entre unas patas esbeltas y biseladas. El traje del caballero era una desconcertante mezcla de lo romántico y lo clerical, y debajo del brazo izquierdo sostenía un empenachado sombrero sin casquete. El conjunto sugería un capricho carnavalesco. La cabeza del hombre, levemente vuelta hacia un lado, tenía un notable parecido con Guido Volkbein, la misma nariz majestuosa y cabalística, unas facciones marcadas y expresivas, salvo en el punto en que el azul virginal del globo ocular abombaba el párpado como si bajo aquella carne se cobijara un órgano que no fuera el de la vista. No había intervalo en la proyección de aquella mirada interminable y objetiva. El parecido era casual. Si alguien se hubiera interesado por hacer averiguaciones, habría descubierto que aquellas telas reproducían a dos intrépidos y antiguos actores. Guido las había encontrado olvidadas en un anticuario y las adquirió al comprender que necesitaba una coartada para su estirpe.

En este punto exacto, quedaba cortada la historia para Felix que, treinta años después, salía al mundo con estos hechos, los dos retratos y nada más. Su tía, mientras se peinaba las trenzas con un peine ámbar, le contó lo que sabía. Y esto era todo lo que ella sabía del pasado. Lo que había formado a Felix desde el día de su nacimiento hasta que cumplió los treinta años era ignorado por el mundo, porque cada hijo sigue el paso del judío errante. No importa dónde ni cuándo lo encuentres; notarás que viene de algún lugar, no importa cuál —algún país al que ha devorado más que habitado, una tierra secreta en la que ha sido alimentado pero que no puede heredar, porque el judío parece estar en todas partes y no venir de ningún sitio. Cuando se mencionaba el nombre de Felix, tres o más personas juraban haberle visto la semana pasada en tres países diferentes al mismo tiempo.

Felix se hacía llamar barón Volkbein, al igual que su padre. De qué vivía Felix, cómo había hecho su fortuna —conocía los números como el perro conoce la nidada de perdices y tan infatigablemente como el perro señalaba y corría—, cómo había aprendido siete idiomas, conocimiento que utilizaba ampliamente, nadie lo sabía. Su figura y su cara eran familiares a muchas personas. Él no era popular, aunque el póstumo homenaje rendido a su padre le procuró entre sus amistades esa peculiar mirada semicircular del que, reacio a dar un trato de igualdad, no obstante, otorga a la rama viva (por aquello de la muerte y su sanción) esa pequeña inclinación de la cabeza —perdón que presiente una futura aprensión—, una reverencia común a todos nosotros cuando nos encontramos en presencia de esta gente.

Felix era más grueso y más alto que su padre. Tenía la frente excesivamente ancha. Su cara era un óvalo largo y carnoso, marcado por una insistente melancolía. Sólo una de sus facciones recordaba a Hedvig: la boca, sensual por falta de deseo, como la de ella lo fuera por represión, tensa sobre la estructura ósea de los dientes. Las otras facciones eran un poco pesadas: el mentón, la nariz y los párpados. Sobre uno de ellos solía colocarse el monóculo que brillaba al sol como un ojo redondo y ciego.

Generalmente, iba solo, a pie o en coche, vestido como para asistir a una gran ceremonia, aunque no había en el mundo acto alguno para el que pudiera decirse que estaba correctamente vestido; su afán por no desentonar en ningún momento le llevaba a elegir un atuendo que fuera tan apropiado para la mañana como para la tarde.

Por las pasiones que se entremezclaban en su pasado, por la diversidad de sangres, por la razón de mil situaciones imposibles, Felix dio en ser lo que es complejo y simple a la vez: un hombre cohibido.

Su cohibición le llevaba a obsesionarse por lo que él llamaba la «vieja Europa»: la aristocracia, la grandeza, la realeza. Al pronunciar cualquier título hacía una pausa antes y después del nombre. Sabedor de que el circunloquio era su único punto de contacto con la nobleza, lo hacía interminable y minucioso. Con la furia del fanático, trataba de subsanar su propia descalificación, recomponiendo la osamenta de olvidadas cortes imperiales (sólo las recordadas pueden optar al título de olvidadas), escuchando con ávida atención a funcionarios y archiveros, no fuera a perderse por una distracción algún fragmento valioso para su resurrección. Le parecía que podría recuperarse un poco de aquel pasado de grandezas si su reverencia era lo bastante profunda, si él se inclinaba y rendía pleitesía.

En mil novecientos veinte, Felix estaba en París (su ojo ciego le había eximido del servicio militar), siempre con sus botines y su chaqué, con sus reverencias, con sus indagaciones, buscando con sus rápidos movimientos pendulares el objeto al que rendir tributo: justo la calle, el café, la casa, el ambiente más indicados. En los restaurantes se inclinaba levemente ante todo el que parecía «alguien», pero era tan leve la reverencia que su sorprendido destinatario podía pensar que Felix sólo pretendía arreglarse el chaleco. Alquiló sus habitaciones porque un Borbón salió de ellas para ir a la muerte. Tenía ayuda de cámara y cocinera; los tomó porque él se parecía a Luis XIV y ella, a la reina Victoria, una Victoria de baratillo, para bolsillo de pobre.

En su búsqueda de la *comédie humaine,* Felix fue a dar con los excéntricos. Versado en edictos y leyes, historias populares y en la herejía, catador de vinos raros, lector de libros más raros aún, aficionado a cuentos de viejas, que trataban de hombres que se santificaban y de animales que se condenaban, conocedor de todos los planos de fortificaciones y puentes, visitador de todos los cementerios de todos los caminos, pedante de muchas iglesias y castillos, Felix poseía una mente que reverberaba con tenue reverencia ante Madame de Sévigné, Goethe, Loyola y Brantôme. Pero el que pulsaba la nota más profunda era Loyola: porque vivía solo, retirado y soltero. Una raza que ha huido de sus generaciones de ciudad en ciudad no ha tenido el tiempo necesario para acumular esa robustez que produce la obscenidad, ni tampoco, después de la crucifixión de sus ideas, ha generado en veinte siglos el suficiente olvido como para crear leyenda. Hay que ser cristiano, para, bloqueando eternamente al judío el camino de la salvación, asumir las culpas y extraer de las profundidades del arrepentimiento supersticiones encantadoras y fantásticas, por las cuales el judío que labora lenta e incansablemente, una vez más, se convierte en «depositario» de su propio pasado. Su desgracia nunca es provechosa hasta que un *goy* le da una forma que permita una vez más enarbolarla como «señal». La desgracia del judío nunca le viene de sí mismo sino de Dios; su rehabilitación nunca la consigue por sí mismo sino por un cristiano. El cristiano, con su tráfico de penitencias, ha hecho de la historia de los judíos una mercancía; es el medio por el cual el judío recibe, en el momento necesario, el suero de su propio pasado, a fin de que pueda volver a ofrecerlo como sangre. De esta manera el judío participa de las dos condiciones; y de esta manera también Felix tomó el pecho de su nodriza, cuya leche fue su alimento aunque no era suya por derecho natural.

Desde muy joven, Felix se aficionó a la fastuosidad del circo y el teatro. En cierta manera, la asociaba con esa superior e inalcanzable fastuosidad de los reyes y las reinas. Las actrices mejor dispuestas de Praga, Viena, Hungría, Alemania, Francia e Italia, los acróbatas y tragasables, le abrieron, en algún momento, sus camerinos, salones de mentirijillas en los que él podía sentirse a sus anchas. Allí no tenía por qué dárselas de competente ni de extranjero sino que se convertía en parte de una espléndida y rancia ficción.

La gente de este mundo, con unos fines totalmente divergentes de los de él, también se había agenciado títulos de circunstancias. Había una princesa Nadja, un barón Von Tink, una *principessa* Stasera y Stasero, un rey Buffo y una duquesa de Broadback: parodias estridentes y baratas nacidas de una vida bestial, inmensamente hábiles en ese inquietante quehacer del entretenimiento. Asumían títulos únicamente para deslumbrar al burgués, para hacer su vida pública (lo único que tenían) misteriosa y desconcertante, sabiendo perfectamente que la habilidad nunca es tan asombrosa como cuando parece inapropiada. Felix esgrimía su título para deslumbrar a su propia marginación. Eso los asociaba.

Cuando se encontraba entre aquella gente, hombres que olían menos que sus animales y mujeres que olían más, Felix tenía la sensación de paz que antes experimentara sólo en los museos. Evolucionaba con un humilde histerismo entre los brocados y las blondas ajadas del Carnavalet; amaba aquel viejo y documentado esplendor con un amor parecido al que el león tiene por el domador —ese enigma sudoroso y salpicado de lentejuelas que, al imponerse al animal, le muestra un rostro en cierto modo parecido al suyo propio, pero que, aunque curioso y débil, había extraído de su cerebro la furia necesaria.

Nadja se había sentado de espaldas a Felix, tan segura de la precisión de sus ojos como lo habría estado de la precisión lineal de un Rops, sabedora de que Felix comparaba la elasticidad de su espina dorsal de grácil curvatura que se cimbreaba hacia la hendidura compacta del anca, con el bello y furioso movimiento de la cola de su león.

La espiral emotiva del circo, que tomaba su vuelo de la inmensa descalificación del público, rebotando de su esperanza sin límites, producía en Felix anhelo y desazón. El circo era una cosa amada que él no podía tocar y, por lo tanto, nunca podría conocer. La gente del teatro y de la pista eran para él tan dramáticos y tan monstruosos como una partida de mercancías por la que no pudiera pujar. El que él los frecuentara con aquella perseverancia era evidencia de que algo en su carácter se hacía cristiano.

De igual forma, se sorprendía de sentir atracción por la Iglesia, aunque esta tensión podía manejarla con más facilidad; descubrió que su palestra se circunscribía al corazón de cada cual.

Felix debió su primera conversación con un «caballero de calidad» a la duquesa de Broadback (Frau Mann). Ella, a la sazón en Berlín, le explicó que aquella persona había tenido «algo que ver» con ella en el pasado. A él le costaba trabajo imaginar que Frau Mann hubiera podido tener «algo» que ver con alguien, pues sus coqueterías eran musculares y localizadas. Su especialidad —el trapecio— parecía haberla conservado. En cierto modo, le daba cierto encanto. Sus piernas poseían esa elasticidad común a los artistas aéreos; en sus muñecas había algo de la barra, en sus andares, el serrín de la pista, como si el aire, por su misma ligereza, por su misma falta de resistencia, fuera un problema casi insuperable, lo cual hacía que su cuerpo, aunque esbelto y compacto, pareciera mucho más pesado que el de las mujeres que mantienen los pies en el suelo. En su rostro había la expresión tensa del organismo que sobrevive en un medio extraño. Parecía llevar en la carne el dibujo de su traje: un maillot a rombos rojos y amarillos, escotado en la espalda, con frunces en las mangas, desteñido por el sudor de las tres funciones diarias, medias rojas y botas con cordones —uno, sin saber por qué, tenía la impresión de que todo aquello penetraba en ella como el dibujo penetra en el caramelo duro de las fiestas, y el bulto de la ingle, donde se le hincaba la barra, mientras se balanceaba con el pie en la pantorrilla, tan sólido y pulido como el roble, sugería una perfecta especialización. El material de las medias no era una simple funda, era ella misma; la tira de la entrepierna, tejida a punto prieto, era como su propia carne, y la hacía tan asexuada como una muñeca. La aguja que hiciera a la una propiedad de la niña había hecho que la otra no pudiera ser propiedad del hombre.

—Esta noche nos divertiremos —dijo Frau Mann a Felix—. A veces, Berlín de noche es encantador, *nicht wahr?* Y el conde es digno de ver. Su casa es muy elegante, toda en rojo y azul, a él le gusta el azul, sabe Dios por qué, y le gusta también la gente imposible, por eso nos ha invitado... —El barón encogió la pierna—. Incluso puede que tengamos estatuas.

—¿Estatuas? —dijo Felix.

—Estatuas vivientes —dijo ella—. El conde las adora. —A Felix se le cayó el sombrero, que rodó por el suelo y se paró.

—¿Es alemán? —preguntó.

—Oh, no, es italiano, pero eso no importa, lo habla todo. Me parece que viene a Alemania a cambiar dinero..., ahora viene, ahora se va, y todo sigue igual, salvo que la gente tiene algo que comentar.

—¿Cómo dice que se llama?

—No lo he dicho, pero se hace llamar conde Onatorio Altamonte. Es una ridiculez, pero dice que tiene vínculos con todas las naciones; eso a usted debería agradarle. Habrá cena y habrá champaña. —La forma en que ella decía «cena» y «champaña» imprimía a la carne y al líquido su diferenciación precisa, como si, por haber dominado dos medios, la tierra y el aire, su talento pudiera dominar todos los demás.

—¿Se divierte uno? —preguntó él.

—Oh, muchísimo.

Ella se inclinó hacia delante y empezó a quitarse la pintura con la apresurada destreza del artista que limpia la paleta. Miró al barón con aire de burla.

—*Wir setzen an dieser Stelle über den Fluss* —dijo.

A un extremo del inmenso salón, de pie alrededor de una mesa, había un grupo compuesto por diez hombres, todos en actitud parlamentaria y con aspecto de estar decidiendo la suerte de una nación, y una mujer joven. En el momento de la entrada de Felix y la duquesa de Broadback, escuchaban a un «estudiante de medicina» de edad indefinida, cejas hirsutas, abundante cabellera que le dibujaba en la frente un pronunciado «pico de la viuda», unos ojos oscuros y muy grandes y un porte entre aplomado y contrito. Era el doctor Matthew O'Connor, irlandés de Barbary Coast (Pacific Street, San Francisco), cuyo interés por la ginecología le había hecho recorrer medio mundo. Ahora hacía las veces de anfitrión, puesto que el conde aún no había hecho acto de presencia, y hablaba de sí mismo porque se consideraba el tema más divertido.

—Todos podemos ser la aristocracia de la Naturaleza —decía, y, al oír la palabra «aristocracia», Felix se sintió mucho más contento, aunque lo que vino a continuación le dejó un tanto perplejo—. ¡Pero piensen en las historias de poca trascendencia! Me refiero a las que están olvidadas, a pesar de todo lo que el hombre recuerda (a menos que se recuerde a sí mismo) simplemente porque le sucedieron sin distinción de cargo o título —eso es lo que nosotros llamamos leyenda y es lo mejor que un pobre puede hacer con su destino; a lo otro —agitó su brazo— lo llamamos Historia y es lo mejor que los grandes y poderosos pueden hacer con el suyo. La leyenda está inexpurgada, pero la Historia, a causa de sus actores, está desflorada —toda nación con sentido del humor es una nación perdida, como toda mujer con sentido del humor es una mujer perdida. Los judíos son el único pueblo que tiene la sensatez suficiente como para mantener el humor dentro de la familia; un cristiano lo esparce por todo el mundo.

—*Ja, das ist ganz richtig* —dijo la duquesa con voz potente, pero la interrupción no sirvió de nada.

Una vez el doctor tenía su auditorio —y el doctor conseguía su auditorio por el sencillo método de pronunciar en voz muy alta (una voz que, en tales momentos, era tan irritable y posesiva como la de una mujer enloquecida) algunos de los primitivos verbos sajones más cortos, enrevesados y mordientes— no había manera de pararle. Él se limitó a volver hacia ella sus grandes ojos y entonces reparó por primera vez en la mujer y en su extraño atuendo que inmediatamente le sugirió algo casi olvidado pero comparable, asociación que le hizo soltar una carcajada y exclamar:

—Bien, pero la Providencia se sirve de medios misteriosos para traer las cosas a mi mente. Ahora me acuerdo de Nikka, el negro que peleaba con el oso en el Cirque de Paris. Había que verle, saltando por toda la pista sin más vestido que un taparrabos tan abultado como si contuviera una captura del fondo del mar, tatuado de pies a cabeza con todo el *ameublement* de la depravación: guirnaldas de capullos de rosa y garabatos del diablo. ¡Toda una visión! Aunque no habría podido hacer nada (y sé muy bien de lo que hablo, a pesar de todo lo que se ha dicho de los chicos negros) ni dejándole toda una semana en una máquina de cardar, en cierta parte (según se dice) llevaba escrito Desdémona. Bien, en el vientre había un ángel de Chartres; en cada nalga, una pública y la otra privada, una cita del libro de magia, confirmación de la teoría jansenista, mal que me pese tener que decirlo, y decirlo aquí. En las rodillas, y de esto les doy palabra, en una «Yo» y en la otra «puedo». ¡Conque pónganlo junto! En el busto, debajo de una hermosa carabela con todas las velas desplegadas, dos manos entrelazadas con puños de encaje. En cada tetilla, un corazón atravesado por una flecha, cada uno con iniciales distintas pero con idénticas gotas de sangre; y, en un costado del cuerpo, de arriba abajo, hacia la axila, la palabra que pronunció el príncipe Arturo Tudor, hijo de Enrique VII, cuando, en su noche de bodas, pidió un vaso de agua (¿un vaso de agua?) y su chambelán, intrigado por la causa de la sed, le hizo una observación y recibió en respuesta una palabra tan epigramática como indigna del grande y noble Imperio británico, lo cual le produjo gran sobresalto, y eso es todo lo que sabremos acerca de ello —dijo el doctor dándose una palmada en la cadera— a no ser que posean ustedes las dotes de adivino de Tiny M'Caffery.

—¿Y en las piernas? —preguntó Felix tímidamente.

—Las piernas —dijo el doctor O'Connor— estaban dedicadas exclusivamente a plantas trepadoras, con el rosal en lo alto, copiado de la reproducción que existe en la casa de Hamburgo de los Rothschild. En el *dos*, créanlo o no, y yo no lo creería, una breve descripción en antigua caligrafía monacal, que unos llaman indecente y otros gótica, de la deplorable condición de París antes de la introducción de la higiene, cuando la Naturaleza te llegaba hasta la rodilla. Y, mismamente encima de lo que no puede mencionarse, un pájaro que volaba llevando en el pico una cinta en la que se leía: «*Garde tout!*» Yo le pregunté el porqué de toda aquella barbaridad y él me contestó que le gustaba la belleza y quería rodearse de ella.

—¿Conoce usted Viena? —preguntó Felix.

—Viena —dijo el doctor—, la cama a la que trepa la plebe, domesticada por el trabajo, y de la que salta la nobleza, feroz de dignidad. La conozco, pero no lo bastante como para recordarla todavía. Me acuerdo de los colegiales austríacos, bandadas de codornices, sentados durante el recreo tomando el sol en distintos lugares, niños de mejillas sonrosadas, bocas rojas y húmedas, oliendo a infancia en rebaño, con los hechos históricos brillando en su memoria como el sol, que pronto se olvidarían y degradarían con la realidad. La juventud es la causa, el efecto es la edad; o sea que, a medida que se nos ensancha el cuello, vamos recogiendo datos.

—Yo no pensaba en sus niños, sino en su superioridad militar, en sus grandes nombres —dijo Felix, sintiendo que la noche ya estaba perdida, puesto que el anfitrión no llegaba y a nadie parecía importarle y que toda la velada tenía que ser dedicada a esta persona voluble que se llamaba a sí mismo doctor.

—El ejército, familia del célibe —dijo el doctor asintiendo—. Su única salvaguardia.

La joven, de poco menos de treinta años, se apartó del grupo acercándose a Felix y al doctor y se quedó apoyada en la mesa, con las manos a la espalda. Parecía violenta.

—¿Dicen realmente lo que piensan o hablan sólo por hablar? —se sonrojó y agregó rápidamente—: Soy la encargada de la publicidad del circo; me llamo Nora Flood.

El doctor dio media vuelta, complacido.

—¡Ah! —dijo—. Nora sospecha de la fría e incauta melodía del tiempo que se escapa lentamente. Pero —agregó— no he hecho más que empezar. —De pronto, se dio una palmada en el muslo—. Flood. Nora. ¡Caramba, Dios mío! ¡Hija, si yo te ayudé a venir al mundo!

Felix, tan incómodo como si se esperase de él que «hiciera algo» para evitar una catástrofe (del mismo modo que se espera que uno haga algo cuando se vuelca un vaso cuyo contenido va a gotear por el borde de la mesa y caer en el regazo de una señora), al oír la frase «tiempo que se escapa lentamente», prorrumpió en una risa incontenible y, aunque ello le obsesionó el resto de su vida, no llegó a explicarse la reacción. El grupo, en lugar de quedar reducido al silencio, siguió como si nada, dos o tres de los hombres más jóvenes hablaban de algo escandaloso y la duquesa, con su voz alta y vacía, decía a un hombre muy grueso algo acerca de las estatuas vivientes. Ello no hizo sino aumentar el tormento del barón. Empezó a agitar las manos diciendo: «¡Por favor! ¡Por favor!» y de pronto tuvo la intuición de que lo que hacía no era reír sino algo mucho peor, aunque seguía repitiéndose: «¡Yo me río, estoy riendo realmente y nada más!» Y agitaba los brazos con desolación diciendo: «¡Por favor! ¡Por favor!», mirando al suelo, muy violento por lo que estaba haciendo.

Bruscamente, irguió el cuerpo, con las manos en los brazos del sillón y se quedó mirando fijamente al doctor que, inclinándose, arrimaba una silla y se sentaba frente a él.

—Sí —dijo el doctor sonriendo—; debe de estar usted decepcionado. *In questa tomba oscura.* ¡Oh, infiel! No soy herbolario, no soy un Rutebeuf, no tengo una panacea, no soy un curandero, es decir, que no puedo o no quiero ponerme cabeza abajo. No soy saltimbanqui, ni fraile, ni una Salomé siglo trece que baile sacando el culo sobre un par de hojas toledanas... Pruebe usted de hacer que una niña enferma de mal de amores, varón o hembra, haga eso hoy. Si no cree usted que antaño pasaban estas cosas, consulte los manuscritos del Museo Británico o vaya a la catedral de Clermont-Ferrand, a mí todo me da igual; soy como los ricos musulmanes de Túnez que alquilan a mujeres tontas para reducir la hora a su mínimo sentido. De todos modos, tampoco será una cura, porque no hay una cura rápida para el hombre. ¿Sabe usted lo que el hombre desea realmente? —preguntó el doctor mirando con una sonrisa la cara inmóvil del barón—. Una de dos: encontrar una mujer que sea lo bastante tonta como para que se la pueda engañar o amar tanto como para dejarse engañar él.

—Yo no pensaba en absoluto en mujeres —dijo el barón tratando de ponerse en pie.

—Ni yo tampoco —dijo el doctor—. Siéntese. —Volvió a llenarse la copa—. Está bueno el champaña —dijo.

—Gracias, no bebo —dijo Felix.

—Ya beberá —dijo el doctor—. Vamos a plantearlo de otro modo: la Iglesia luterana o protestante contra la católica. La católica es la muchacha a la que uno quiere hasta el extremo de dejarse engañar y la protestante es la que te quiere tanto que se deja engañar por uno y ante la que puedes fingir muchas cosas que no sientes. Lutero, y espero que no le importará que yo lo diga, fue el carnero más basto que haya ensuciado su propia paja, y todo, porque le habían arrebatado la custodia de la «remisión» de los pecados de la gente y las indulgencias, que por aquel entonces venía a ser la mitad de todo lo que tenían, y que el viejo fraile de Wittenberg quería administrar a su manera. De manera que, naturalmente, se puso furioso y empezó a despotricar, chillando como un mono en un árbol, y puso en marcha algo en lo que nunca había pensado (o, por lo menos, así parece confirmarlo lo que está escrito en su lado de la mesa del desayuno), una megalomanía obscena —y por furiosa y desvergonzada que sea, tiene que parecer clara, fría y documentada, o no prevalecerá.

¿Qué se escucha en la Iglesia protestante? El discurso de un hombre que ha sido elegido por su elocuencia. Pero, cuidado, no debe extralimitarse con la elocuencia o no tardarán en bajarle del púlpito, no vaya a servirse de su pico de oro para fines políticos. Porque un pico de oro no se da por satisfecho hasta que se hinca en el destino de una nación, y esto es algo que la Iglesia sabe muy bien.

»Pero volvamos a la Iglesia católica, asistamos a misa en cualquier momento. ¿Qué es lo que encuentras? Algo que ya está en tu sangre. Tú conoces la historia que cuenta el sacerdote mientras va de un lado al otro del altar, ya sea cardenal, León X o un pobre fulano de Sicilia que ha descubierto que *peccare fortiter* entre sus cabras ya no basta a su alma y que, bien lo sabe Dios, ha sido hijo de Dios desde el principio: no importa. ¿Por qué? Porque tú estás allí sentado con tus propias meditaciones y con una leyenda (que es pellizcar la fruta como la picotea el pájaro) mezclándolas con la Sagrada Cuchara que es esa historia; o puedes ir al confesonario donde, con sonora prosa a falta de contrición (si no hay más remedio) puedes hablar de la maraña y los nudos del alma y se te contesta con ecos góticos, recíprocos e instantáneos; uno que dice hola a tu adiós. ¡El mal se desenreda y la altísima mano del cielo te devuelve la madeja bien peinada y perdonada!

»De las dos Casas —prosiguió—, una es dura, tan dura como el don de la elocuencia y la otra, tan blanda como flanco de cabra, y no puedes echarle la culpa a nadie de nada ni puedes querer a nadie.

—¡Un momento! —dijo Felix.

—¿Sí? —dijo el doctor.

Felix, inclinándose hacia delante, irritado y en tono de reproche dijo: «A mí me gusta aquel príncipe que estaba leyendo un libro cuando el verdugo fue a buscarle, le tocó el hombro y le dijo que ya era la hora, y él, al levantarse, antes de cerrar el libro, puso un abrecartas para señalar la página.»

—¡Ah! —dijo el doctor—. Ése no es un hombre que viva en su momento, ése es un hombre que vive en su milagro. —Volvió a llenarse la copa—. *Gesundheit* —dijo—. *Freude sei Euch von Gott beschieden, wie heut' so immerdar!*

—Habla usted de la pena y la confusión muy a la ligera —dijo Nora.

—Un momento —respondió el doctor—. La pena del hombre va cuesta arriba. Cierto, es muy pesada de transportar, pero también es pesada de conservar. Yo, como médico, sé en qué bolsillo guarda un hombre su corazón y su alma, y por qué sacudida del hígado, los riñones y los genitales se vacían estos bolsillos. No existe la pena pura. ¿Por qué? ¡Porque es compañera de cama de los pulmones, los ojos, los huesos, las entrañas y de la bilis! Sólo hay confusiones, en eso tienes mucha razón, Nora, hija. Confusiones y angustias vencidas, ahí nos tienes a todos y cada uno de nosotros. Si eres gimnosofista puedes prescindir de la ropa y si eres cojo sentirás más viento que otro entre las piernas; sin embargo, todo es confusión. Los elegidos de Dios andan junto a la pared.

»Yo estuve una vez en una guerra —prosiguió el doctor—, en una ciudad pequeña, donde las bombas empezaban a romperte el corazón, y tú te ponías a pensar en toda la majestad del mundo en la que no podrías pensar dentro de un minuto si aquel ruido acertaba al caer. Yo bajé corriendo a una bodega y allí había una vieja bretona y una vaca a la que había arrastrado consigo, y, detrás, uno de Dublín decía: «¡Gloria a Dios!» en un susurro, al otro extremo del animal. Gracias a mi Creador, yo tenía al animal de cara, y la pobre vaca temblaba sobre sus cuatro patas de tal modo que de pronto supe que la tragedia de un animal puede ser dos patas peor que la del hombre. La vaca iba soltando su estiércol por el otro extremo, donde la fina voz celta seguía sonando y decía: «¡Gloria a Jesús!» Y yo me dije: «Ya podría hacerse de día, para que yo pudiera ver qué tengo en la cara.» Entonces hubo un relámpago y vi que la vaca volvía la cabeza hacia atrás de tal modo que los cuernos formaban dos medias lunas contra sus flancos y las lágrimas le empapaban sus grandes ojazos negros.

»Yo empecé a hablarle, a maldecirme a mí y al irlandés, y a la vieja que parecía estar contemplando toda su vida, como el que apunta con una escopeta. Yo puse la mano en la pobre desgraciada vaca, y su flanco chorreaba como las cascadas de Lahore, presionando contra mi mano como si tomara impulso para marcharse, pero no se movía del sitio; y yo pensé que hay direcciones y velocidades que nadie ha calculado, porque, créanlo o no, aquella vaca había ido a algún sitio muy de prisa, un sitio que nosotros no conocemos, aun cuando siguiera allí.

El doctor levantó la botella. «Gracias —dijo Felix—. No bebo alcohol.»

—Beberá —dijo el doctor.

»Hay una cosa que siempre me ha preocupado —continuó el doctor—. Es eso de la guillotina. Dicen que el verdugo tiene que llevar su propia cuchilla, como se supone que el marido lleva su propia navaja. Eso es suficiente para envenenarle el corazón antes de que haya cortado la primera cabeza. Una noche, mientras paseaba distraído por el Boul' Mich' vi a uno que llevaba un clavel rojo en el ojal. Para entrar en conversación, le pregunté por qué lo llevaba, y él dijo: «Es prerrogativa del verdugo.» Me quedé tan mustio como un secante escamoteado del Senado. «Antiguamente, el verdugo lo sostenía entre los dientes.» Al oír esto, se me retorcieron las tripas, al imaginármelo afilando la hoja con un clavel en la boca, como Carmen. ¡Y también él es el único que puede estar en la iglesia con los guantes puestos! A veces acaban por degollarse a sí mismos. Es un ritmo que al fin les llega a su propio cuello. Adelantó el cuerpo y pasó el dedo por el mío diciendo: «Con tanto pelo y tan grueso resulta un poco difícil», y desde aquel momento tuve insuficiencia cardíaca para el resto de mi vida. Dejé un franco encima de la mesa y salí como alma que lleva el diablo, con el vello de la nuca más tieso que la gorguera de la reina Ana. Y no paré hasta que me vi en medio del Musée de Cluny, agarrado al potro.

En la sala se hizo un súbito silencio. El conde estaba en la puerta, girando sobre sus talones, con una mano a cada lado del marco. Un torrente de palabras en italiano que no eran sino culminación de un tema iniciado en el vestíbulo se cortó bruscamente. El recién llegado se dio una palmada en el muslo y se quedó escudriñando el salón, levemente inclinada su alta figura. Luego, se adelanto sosteniendo entre el índice y el pulgar una lupa redonda que le colgaba de una ancha cinta negra. Con la otra mano se impulsaba de una silla a una mesa y de un invitado a otro invitado. Detrás de él entró una muchacha vestida de amazona. Al llegar al aparador, él giró sobre sí mismo con una agilidad horripilante.

—Váyanse —dijo suavemente, apoyando la mano en el hombro de la muchacha—. ¡Váyanse, váyanse! —Evidentemente, lo decía en serio. Se inclinaba ligeramente.

Cuando llegaron a la calle, la duquesa agarró el dobladillo de blonda que se le enredaba en los helados tobillos.

—¿Qué le parece, mi pobre diablo? —dijo a Felix.

—¡Vaya! —dijo Felix—. Me gustaría saber qué ha pasado y por qué.

El doctor paró un taxi agitando la cabeza de perro dogo que adornaba el puño de su bastón. «Esto se arregla en cualquier bar.»

—Esto —dijo la duquesa poniéndose los guantes— es una audiencia breve con la grandeza. Breve, ¡pero una audiencia!

Cuando enfilaban la oscura calle, Felix sintió que le ardía la cara.

—¿Es de verdad un conde? —preguntó.

—Herr Gott! —dijo la duquesa—. ¿Soy yo lo que digo ser? ¿Lo es usted? ¿Lo es el doctor? —Le apoyó una mano en la rodilla—. ¿Sí o no?

El doctor encendía un cigarrillo y, a su llama, el barón vio que reía en silencio. «Nos ha echado por una de esas esperanzas que pronto quedará frustrada.» Agitó los guantes por la ventanilla saludando a otros invitados que estaban en la acera en espera de vehículos.

—¿A qué se refiere? —preguntó el barón en un susurro.

—El conde Onatorio Altamonte, nombre que ojalá ruede al Arno desde el Ponte Vecchio, ha sospechado que tenía su última erección.

El doctor se puso a cantar: «*Nur eine Nacht*».

Frau Mann, con la cara pegada al cristal, dijo: «Está nevando.» Al oír estas palabras, Felix se subió el cuello del abrigo.

—¿A dónde vamos? —preguntó a Frau Mann. Ella volvía a estar muy contenta.

—Vamos al café de Heinrich; yo, cuando nieva, voy siempre. Sirve más fuertes las bebidas y es buena persona; en su café siempre hay sitio para la gente del circo.

—Está bien —dijo el doctor, disponiéndose a golpear el cristal—. ¿Dónde está el café de tu Heinrich?

—Hay que bajar por Unter den Linden. Yo os indicaré.

—Si me permiten, yo bajo aquí —dijo Felix. Se apeó del taxi y echó a andar contra la nieve.

Sentados ya en el ambiente cálido del café, el doctor dijo desenrollando la bufanda:

—Nuestro barón Felix es todo de una pieza, pero al mismo tiempo parece que le falta algo. Es como si estuviera condenado de cintura para arriba, lo que me recuerda a Mademoiselle Basquette, que estaba condenada de cintura para abajo, una chica sin piernas, construida como un fenómeno medieval. Recorría los Pirineos en una tabla con ruedas. Lo que tenía lo tenía bonito, al estilo tradicional y vulgar, esas caras de la gente que acaban adoptando una expresión de asombro racial, no personal. Yo quería hacerle un regalo por todo aquello que le faltaba, y ella me dijo: «Perlas. ¡Van tan bien con todo!» Imagínese. Y la otra mitad de su persona, todavía en la bolsa de los trucos de Dios. No me dirá que lo que le faltaba no le había enseñado el valor de lo que tenía. Bueno, en resumidas cuentas —prosiguió el doctor enrollando los guantes—, un día, un marinero al verla se enamoró de ella. Ella subía por una cuesta y el sol le daba en la espalda cabalgándole en la nuca doblada y poniendo destellos en los bucles de su pelo, espléndida e incompleta como el mascarón de una nave noruega abandonado por el barco. Y él la tomó en brazos con tabla y todo, se la llevó e hizo con ella lo que le vino en gana. Cuando hubo satisfecho su deseo, muy galantemente la depositó en su tabla a unas cinco millas de la ciudad y ella tuvo que volver a fuerza de brazos y llorando que daba angustia, porque uno está acostumbrado a ver caer las lágrimas a los pies. ¡Ay, en verdad, a una mujer puede llegarle la tabla de pino hasta la barbilla y aun así tener motivo de llanto! Yo le digo, madame, que podríamos alumbrar un corazón mondo en una bandeja y aun así diría «¡Amor!» y se estremecería como la pata de una rana cercenada del cuerpo.

—*Wunderbar* —exclamó Frau Mann—. *Wunderbar,* ¡Dios mío!

—Aún no he terminado —dijo el doctor poniéndose los guantes en las rodillas—, un día volveré a ver al barón y entonces le hablaré del loco Wittelsbach. Se quedará más triste que un mochuelo embozado en una bufanda.

—¡Ah! —exclamó Frau Mann—. Eso le gustará mucho. Es tan amante de los títulos...

—Escuche —dijo el doctor pidiendo las bebidas—, yo no quiero hablar de Wittelsbach. ¡Oh, Dios, cuando me acuerdo de mi pasado, de lo guapos que eran todos en mi familia, mi madre con aquella cabellera más roja que una fogata de primavera! (Y le habló de allá por los ochenta, cuando una muchacha era la reina de la ciudad, y llegar hasta el límite significaba langosta a la Newburg.) Llevaba un sombrero más grande que una mesa, con todo menos agua corriente; con un talle ceñido por un corsé de bucarán y mi padre, sentado a su lado, muy ufano: un retrato de cuando subieron a las montañas rusas. Él llevaba una de esas cursis chaquetitas amarillas y un bombín color canela, encasquetado hasta las orejas, y debía de estar frenético, porque ponía los ojos bizcos, quizá fuera el viento o quizá estaba pensando en cosas de mi madre, en un momento en que no podía hacer nada.

Frau Mann levantó la copa y la miró guiñando un ojo.

—Yo también tengo un álbum —dijo con voz dulce—, y en él todos tienen cara de soldado, aunque estén muertos.

El doctor sonrió apretando los dientes. Frau Mann trataba de encender un cigarrillo. La llama bailaba en su mano insegura.

Frau Mann estaba un poco achispada y el zumbido insistente de la voz del doctor le daba sueño.

Al ver que Frau Mann se había quedado dormida, el doctor se levantó cautelosamente y se fue hacia la puerta, andando de puntillas. En mal alemán, dijo al camarero: «La señora pagará.» Abrió la puerta y salió quedamente a la noche.

LA SOMNAMBULE

El doctor vivía cerca de la iglesia de Saint Sulpice, casi en la esquina de la rue Servandoni. Su figura pequeña y desgarbada era característica de la Place. Para el dueño del Café de la Mairie du VIe era casi como un hijo. Esta plaza, relativamente pequeña, por la que pasaban tranvías en varias direcciones, limitada a un lado por la iglesia y al otro por el Ayuntamiento, era la «ciudad» del doctor. Lo que no hallara en ella para satisfacer sus necesidades, lo encontraba en las callejuelas adyacentes. Allí se le había visto disponer detalles de funerales en la capilla de pompas fúnebres con sus cortinas de velarte negro y sus fotos de coches mortuorios en marcos, o comprar estampas y *petits Jésus* en la *boutique* que exhibía ornamentos y artísticas velas. Y, en la Mairie du Luxembourg, había apostrofado por lo menos a un juez cuando una docena de cigarros dejó de surtir el efecto apetecido.

Deambulaba, patético y solo, por entre los tenderetes de cartón de la Foire Saint Germain que, durante algún tiempo, llenó la plaza de castillitos de pega. Se le veía bajar con paso rápido por la acera izquierda de la iglesia para ir a misa, y bañar el dedo en la pila del agua bendita como si fuera el único pájaro con derecho de acceso, empujando a las cansadas criadas y a los comerciantes del barrio con la impaciencia del alma que padece grave tensión física.

A veces, por la noche, antes de entrar en el Café de la Mairie du VIe, se le veía contemplar las enormes torres de la iglesia que se alzaban al cielo, adustas pero tranquilizadoras, mientras se pasaba un dedo grueso y cálido por la garganta donde, a pesar de la costumbre, siempre le sorprendía tocar el pelo que le asomaba por el cuello de la camisa. O miraba, pequeño e insubordinado, cómo caían las faldas de agua de las pilas de la fuente, en una orla desflecada y fluida, gritando a veces a la sombra de un hombre que se alejaba: «¡Hermosura!»

Al Café de la Mairie du VIe llevó a Felix, que apareció en París semanas después de su encuentro en Berlín. Felix pensaba que, indudablemente, el doctor era una gran embustero, pero un embustero valioso. Sus invenciones parecían ser la trama de un plan olvidado pero imponente; una condición de vida de la que él era el único exponente que quedaba. Sus modales eran los del servidor de una noble familia difunta, cuyos ademanes recuerdan, aunque en forma degradada, los de un amo extinto. Incluso el movimiento favorito del doctor, arrancarse pelillos de la nariz, parecía la «vulgarización» de lo que en tiempos pudiera haber sido un reflexivo mesado de barbas.

Del mismo modo que el altar de una iglesia, sin las ofrendas espontáneas de los humildes y los atribulados, no presentaría sino un cuadro frío y deshumanizado, o el *corsage* de una mujer cobra de pronto un aire marcial y desgarrado por la rosa introducida entre las flores más decorosas por la mano del enamorado que sufre la violencia de no haber llegado a dar el último abrazo: poniendo una nota discordante en lo que fuera un pecho exuberante y fastuoso, extrayéndole tiempo de la entraña (porque el amante conoce dos tiempos, el que se le otorga y el que él debe crear), así también Felix descubrió con asombro que las flores más conmovedoras que estaban en el altar que él había levantado a su imaginación habían sido colocadas allí por gentes de un mundo equívoco y que la más roja sería la rosa del doctor.

Al cabo de un largo silencio, durante el cual el doctor pidió y consumió un Chambéry fraise y el barón, un café, el doctor comentó que el judío y el irlandés, subiendo uno y bajando el otro, suelen encontrarse, pala con pala, en el mismo campo.

—Los irlandeses pueden ser tan ordinarios como la caca de la ballena, con perdón, en el culo del océano, con perdón, pero tienen imaginación, y —agregó— una miseria creativa que les viene de haber sido derribados por el diablo y levantados por los ángeles. ¡Misericordioso! ¡Sálvame, María, Madre mía, y que el prójimo se las componga! Pero el judío, ¿qué es el judío en el mejor de los casos? Nunca nada más que un entrometido y pido perdón por el guantazo, un entrometido exquisito y fabuloso muchas veces pero entrometido. —Se inclinó ligeramente doblando la cadera—. De acuerdo, los judíos se inmiscuyeron y nosotros mentimos, ésa es la diferencia, la sutil diferencia. Nosotros decimos que uno es hermoso, por ejemplo, cuando, a decir verdad, probablemente sea más feo que un pecado. Pero, con nuestra mentira, nosotros hemos asumido un poder y éste es el poder del charlatán, ¡el más fuerte! Puede caer sobre cualquier cosa en cualquier momento, y esto es lo que, en resumidas cuentas, hace el místico y —agregó— hace el gran médico. Las únicas personas que de verdad *saben* algo de medicina son las enfermeras y ellas se callan, o serían abofeteadas. Pero el gran médico es un divino idiota y un sabio. Cierra un ojo, el ojo con que estudió y, poniendo sus dedos sobre las arterias del cuerpo, dice: «Dios, cuyo camino es éste, me ha otorgado permiso para viajar también por aquí», lo cual, y que el cielo asista al paciente, es verdad; de esta manera, realiza grandes curas y, a veces, por ese camino, se tropieza, desconcertado, con el Malaje.

El doctor pidió otro Chambéry y preguntó al barón qué quería tomar, a lo que Felix respondió que nada por el momento, y entonces el doctor agregó:

—El hombre no necesita que se le cure de su enfermedad individual; lo que debería preocuparle es su mal universal.

El barón observó que aquello sonaba a dogma.

El doctor le miró.

—¿Sí? Cuando ves al Malaje comprendes que de un empujón te echará del camino.

»También sé otra cosa —prosiguió—: una copa vertida en otra copa nos da un agua diferente. Las lágrimas derramadas por un ojo cegarían otro ojo si cayeran en él. El pecho que golpeamos de alegría no es el mismo pecho que golpeamos de dolor; la sonrisa de un hombre sería consternación en los labios de otro hombre. Atrás, río eterno, aquí viene la desgracia. El hombre no tiene asidero que no sea también un compromiso. ¡Sea! Riendo llegué a Pacific Street y riendo me voy; la risa es el dinero del pobre. A mí me gustan los pobres y los vagabundos —añadió—, porque la desgracia los hace impersonales, pero a mí... a mí casi se me considera un pesado, un plomo, la cera que hace grumos en la bilis o en la sangre mediana del hombre, conocida por corazón o haz de los resoplidos. Ojalá reviente mi dilatador y se oxide mi espéculo y que el pánico se apodere de mi dedo índice antes de que yo señale a mi hombre.

Sus manos (que llevaba siempre como el perro que anda sobre las patas traseras) parecían acaparar su atención. Y entonces dijo bajando sus ojos grandes y melancólicos, con aquel destello que con frecuencia aparecía en ellos:

—¿Por qué siempre que oigo música me siento como una novia?

—Neurastenia —dijo Felix.

El doctor movió negativamente la cabeza.

—No; no estoy neurasténico; la gente no me inspira tanto respeto; lo cual, por cierto, es la base de la neurastenia.

—Impaciencia.

El doctor asintió.

—Los irlandeses están impacientes de eternidad; mienten para adelantarla y mantienen el equilibrio gracias a la pericia de Dios, Dios y el Padre.

—En mil seiscientos ochenta y cinco —dijo el barón con cáustico humor— los turcos introdujeron el café en Viena, y desde entonces Viena, como una mujer, tuvo una impaciencia, algo que le gustaba. Usted ya sabrá, desde luego, que al joven Pitt se le negó la alianza porque cometió la torpeza de ofrecer té. Austria y el té nunca podrían ir juntas. Cada ciudad tiene su brebaje particular. Por lo que se refiere a Dios y el Padre... en Austria eran el emperador. —El doctor levantó la mirada. El *chasseur* del Hotel Récamier (al que conocía perfectamente) se acercaba corriendo.

—¡Eh! —gritó el doctor que siempre, a todas horas, esperaba algo—. ¿Qué hay? —El muchacho, con su chaleco a rayas rojas y negras y su gran delantal manchado, se paró delante de él y gritó en francés del Midi que la señora del veintinueve se había desmayado y no podían hacerla volver en sí.

El doctor se levantó lentamente, suspirando. «Pague —dijo a Felix— y sígame.» Puesto que ninguno de los métodos del doctor era ortodoxo, Felix no se sorprendió por la invitación e hizo lo que se le decía.

En el segundo piso del hotel (una de esas pensiones burguesas que se encuentran en casi todas las esquinas de París, ni buenas ni malas pero tan típicas que podrían cambiarlas de sitio y en todas partes encajarían) había una puerta abierta por la que se veía una alfombra roja y, al fondo, dos ventanas estrechas que daban a la plaza.

En la cama, rodeada por una colección de plantas en macetas, palmeras exóticas y flores cortadas, y las notas ligeramente excesivas de pájaros ocultos que parecían olvidados —dejados sin la habitual funda silenciadora, parecida al paño de urna funeraria, con la que las buenas amas de casa suelen tapar la jaula por la noche—, semiderrumbada del soporte de los almohadones, abandonada durante un amago de vuelta en sí, yacía pesadamente la muchacha, con desaliño, las piernas enfundadas en pantalón de franela blanca, separadas como en un paso de baile y los pies calzados con unos zapatos de grueso charol que parecían muy livianos para la pirueta interrumpida. Las manos, largas y hermosas, a cada lado de la cara.

El perfume que exhalaba su cuerpo era de la calidad de esa carne de la tierra que es el hongo, que huele a humedad capturada y, no obstante, es seco, ahogado por el aroma del aceite de ámbar que es una enfermedad interna del mar, sugestivo de un sueño imprudente y total. Su carne tenía la textura de la vida vegetal y, debajo, se intuía una estructura ancha, porosa y desgastada por el sueño, como si el sueño fuera una podredumbre que la roía por dentro, debajo de la superficie visible. Alrededor de la cabeza tenía un fulgor que era como esa fosforescencia que envuelve las aguas, como si la vida residiera en ella por imprecisas nebulosas —imprimiéndole el carácter turbador de la sonámbula nata que vive en dos mundos—, híbrido de niño y de bandido.

Parecía un cuadro del *douanier* Rousseau, dormida en una selva atrapada en un salón (cuyas paredes, al aprehenderla, habían huido), arrojada entre plantas carnívoras: su ración. El conjunto parecía propiedad de un *dompteur* invisible, medio señor, medio empresario, cuya entrada se espera que sea saludada por una orquesta de instrumentos de viento de madera con una serenata que popularizará la selva.

Felix, por discreción, se situó detrás de las palmeras. El doctor, con rudeza profesional acentuada por su eterno temor a ser descubierto por las autoridades (no tenía licencia para ejercer), dijo:

—¡Por los clavos de Cristo, fricciónele las muñecas! ¿Dónde diablos está la jarra del agua?

La encontró y, con ademán de cordial familiaridad, le roció la cara con la mano.

Una serie de estremecimientos casi imperceptibles fruncieron la piel de la mujer cuando el agua le resbaló por las pestañas y los labios hacia la cama. Un espasmo brotó de la profundidad del desmayo y ella abrió los ojos. Inmediatamente, trató de incorporarse...

—Yo estaba perfectamente —dijo y volvió a caer en la postración del aniquilamiento.

Felix, experimentando una redoblada confusión, miraba ahora al doctor que quedaba parcialmente escondido por el biombo colocado al lado de la cama, y le vio hacer los movimientos propios del ilusionista; con el aire del que, al preparar al público para el prodigio, tiene que fingir que no hay nada que ocultar, y mueve los hombros y los codos con «inocencia» cuando lo que hace es preparar la parte más flagrante de la superchería.

Felix advirtió que su finalidad era la de escamotear unas gotas de perfume de un frasquito que había en la mesita de noche, empolvarse la áspera barbilla con la borla y pasar la barra de rojo por los labios, frotándolos después uno contra otro, a fin de que pareciera que su súbito embellecimiento era gracia espontánea de la Naturaleza; creyéndose todavía al abrigo de toda mirada, como si aquel velo de magia empezara a desintegrarse, como si los mecanismos de la maquinación se hubieran desencajado y retrocedieran a la simplicidad del origen, la mano del doctor se posó sobre un billete de cien francos que había encima de la mesa.

Con esa opresión en el estómago que sentimos al ver al acróbata perder el virtuosismo de su seguridad en una pirueta embarullada y, probablemente, mortal, Felix vio la mano descender, agarrar el billete y desaparecer en el limbo del bolsillo del doctor. Él sabía que seguiría sintiendo aprecio por el doctor, pero comprendía que ello sería a costa de una larga serie de convulsiones del espíritu, análogas a la segregación del fluido de la ostra que tiene que cubrir su desazón con una perla; así tendría él que cubrir al doctor. Al mismo tiempo, sabía que este refrendo de aceptación (por el cual aquello que debemos querer se convierte en lo que podemos querer) también le afectaría a él, aunque no lo hubiera provocado voluntariamente.

Felix, abstraído en las espiras de esta nueva inquietud, dio media vuelta. La muchacha se había sentado en la cama. Conocía al doctor. Le había visto en otro sitio. Pero, del mismo modo que uno puede estar diez años comprando en la misma tienda y ser incapaz de decir de qué conoce al tendero si lo ve por la calle o en el *promenoir* de un teatro, puesto que la tienda forma parte de su identidad, ella trataba ahora de situarlo, al verlo fuera del marco habitual.

—Café de la Mairie du VIe —dijo el doctor a voleo, a fin de tomar parte en el proceso de su vuelta en sí.

La muchacha no sonrió, aunque le reconoció al oírle hablar. Cerró los ojos y Felix, que contemplara con avidez su azul misterioso e impresionante, creyó que seguía viéndolos tenuemente, transparentándose a través de los párpados con una luz de eternidad, como si en el iris hubiera advertido esa visión desenfocada de la bestia salvaje que no se ha ajustado a sostener la mirada del ojo humano.

La mujer que se presenta al espectador como un «cuadro» compuesto y acabado es, para la mente contemplativa, el mayor de los peligros. A veces, uno encuentra a una mujer que es bestia en trance de hacerse humana. Cada movimiento de esta persona se reducirá a la imagen de una experiencia olvidada, espejismo de una boda eterna proyectado sobre la memoria racial; una alegría tan insoportable como lo sería la visión de un antílope bajando por una arboleda, coronado de azahar, con un velo nupcial y una pata levantada en actitud temerosa, caminando con el pálpito de la carne que se hará mito; al igual que el unicornio no es ni hombre ni animal disminuido sino ansia humana que comprime el pecho contra su presa.

Esa mujer es la portadora de gérmenes del pasado: delante de ella nos duele la estructura de la cabeza y las mandíbulas; nos parece que podríamos comérnosla, a ella que es la muerte devorada que vuelve porque sólo entonces acercamos la cara a la sangre que hay en los labios de nuestros antepasados.

Algo de esta emoción invadió a Felix. Pero él que, por su raza, era incapaz del abandono, se sintió como el que en un museo contempla un mascarón de proa que, aunque estático, sin mecerse ya en el tajamar, todavía parece ir contra el viento; como si aquella muchacha reuniera en sí las dos mitades de un destino roto que, en el sueño, se hubieran encarado a sí mismas, como una imagen y su reflejo en un lago parecen estar separadas únicamente por la vacilación de la hora.

La voz de esta muchacha tenía el tono del que se recrea con la promesa del abandono: el «aparte» musitado por el actor que, con la leve avaricia de su discurso, retiene la explicación hasta el momento oportuno en que haya de lucirse ante su público —en su caso, una improvisación prudente, aludiendo a lo que diría más adelante cuando pudiera «verlos». En suma, la fórmula más larga de una despedida rápida. Les invitó a entrar a verla cuando «pudiera sentirse mejor».

El doctor, atrapando al paso al *chasseur*, preguntó el nombre de la muchacha. «Mademoiselle Robin Vote», respondió el *chasseur*.

Al salir a la calle, el doctor, deseoso de tomar «la última antes de ir a la cama», se encaminó de nuevo al café.

Después de un corto silencio, preguntó al barón si alguna vez había pensado en las mujeres y el matrimonio. Mantenía la mirada fija en el mármol de la mesa, sabiendo que Felix había experimentado algo extraordinario.

El barón respondió que sí; él deseaba un hijo que sintiera lo que sentía él por el «gran pasado». Entonces, el doctor, con fingida indiferencia, preguntó de qué nación elegiría a la madre de su hijo.

—Americana —respondió el barón inmediatamente—. Con una americana puede hacerse todo.

El doctor se echó a reír. Golpeó la mesa con su blando puño. Ahora estaba seguro. «El destino y las complicaciones empiezan otra vez; el escarabajo pelotero empujando su carga cuesta arriba. ¡Oh, y qué dura es la pendiente! La nobleza, sí, pero ¿y qué es eso?»

El barón fue a responder pero el doctor levantó la mano.

—Un momento, ya lo sé, son los pocos sobre los que los muchos mintieron largo y tendido hasta hacerlos inmortales. Muy bien, usted quiere un hijo. —Hizo una pausa—. Para el campesino, un rey es un actor que llega a hacerse tan escandaloso que tiene uno que inclinarse ante él. Escandaloso en el sentido más elevado, desde luego. ¿Y por qué hay que inclinarse ante él? Porque ha sido señalado como el único perro que no debe contenerse dentro de casa; tan elevados son que pueden difamar a Dios y ensuciar su propia casa; pero el pueblo: eso es diferente. El pueblo tiene que respetar a la Iglesia y respetar a la nación: ellos beben, y rezan, y orinan en el lugar indicado. Todo hombre tiene un corazón domesticado, salvo el gran hombre. El pueblo ama a su Iglesia y la conoce, como el perro conoce la casa en la que ha sido educado, y a ella vuelve, guiado por el instinto. Pero, sólo ante la autoridad suprema, el rey, el zar, el emperador, que pueden hacer sus necesidades en el mismo firmamento, sólo ante ellos se inclina.

El barón, al que la obscenidad siempre violentaba, no pudo sentirse ofendido por el doctor; percibía la gravedad, la melancolía que ocultaba cada broma y cada maldición que profería el doctor, y por eso le respondió con seriedad:

—Rendir homenaje al pasado es el único gesto que abarca también el futuro.

—¿Y por eso quiere un hijo?

—Por eso. Al niño moderno no le queda nada a lo que asirse. O, mejor dicho, no le queda nada con qué asirse. Nosotros ahora nos aferramos a la vida con nuestro último músculo: el corazón.

—El último músculo de la aristocracia es la

locura, recuérdelo. —El doctor se inclinó hacia delante—. El último hijo que nace de la aristocracia, a veces, es idiota. Nosotros, por respeto, queremos subir, pero bajamos.

El barón dejó caer el monóculo; el ojo desarmado estaba inmóvil.

—No necesariamente —dijo. Y agregó—: Pero usted es americano y por eso no cree.

—¡Uh! —ululó el doctor—. Porque soy americano lo creo todo. Por eso le digo: ¡Cuidado! En la cama del rey, siempre se encuentra, justo antes de que se convierta en pieza de museo, el excremento de la oveja negra. —Levantó la copa—. Por Robin Vote —dijo—. No tendrá más de veinte años.

El cierre metálico cayó sobre la ventana del Café de la Mairie du VIe con un rugido.

Al día siguiente, Felix se presentó en el Hôtel Récamier con dos tomos de la *Vida de los Borbones*. Miss Vote no estaba. Volvió cuatro tardes consecutivas y, cada vez, le dijeron que acababa de salir. A la quinta tarde, al torcer por la rue Bonaparte, se tropezó con ella.

Fuera de su marco —las plantas que la rodeaban, el sombrío terciopelo rojo de las sillas y las cortinas, el sonido débil y nocturnal de los pájaros— ella conservaba la sugerencia de su entorno natural, como los animales. Le propuso dar un paseo por los jardines del Luxembourg hacia donde se dirigía cuando él la abordó. Pasearon por los desnudos y fríos jardines y Felix era feliz. Le parecía que con ella podía hablar, que podía contárselo todo, aunque ella guardaba silencio. Le dijo que tenía un cargo en el Crédit Lyonnais, en el que ganaba dos mil quinientos francos a la semana; que hablaba siete idiomas, que era útil al Banco y, agregó, tenía ahorrado algún dinero, ganado en especulaciones.

Felix andaba un poco rezagado. Los movimientos de la muchacha eran angulosos y un poco oblicuos, lentos, al desgaire, pero graciosos: el paso reposado de la ronda nocturna. Ella no llevaba sombrero y su cabeza clara, de cabello corto, aplastado en la frente, que hacían todavía más estrecha unos rizos que le caían casi sobre el fino arco de la ceja, le daban el aspecto de esos querubines de los teatros del Renacimiento; de perfil, sus ojos parecían ligeramente abombados y las sienes, bajas y cuadradas. Era graciosa pero un poco desvaída, como una vieja estatua de un jardín, que muestra las huellas de las intemperies soportadas, que, más que obra del hombre, es obra del viento, de la lluvia y de la sucesión de las estaciones y, aunque formada a imagen humana, es una figura de la fatalidad. Felix sentía su presencia como un dolor y también como una dicha. Al pensar en ella, rememorar su imagen era una gesta de la voluntad; evocarla insensiblemente cuando se iba era tan fácil como evocar una sensación de belleza abstracta. Cuando sonreía, la sonrisa estaba sólo en los labios y era un poco amarga: era la cara de una incurable que todavía no ha enfermado.

En días sucesivos, pasaron muchas horas en los museos, y aunque ello complacía inmensamente a Felix, no podía menos que sorprenderse de que, muchas veces, ella, si bien apreciaba lo excelente, también elogiaba con una emoción no menos real lo adulterado y lo vulgar. Cuando tocaba un objeto, sus manos parecían hacer las veces de los ojos. Él pensó: «Tiene el tacto de los ciegos que, por ver más con los dedos, olvidan más con la mente.» Sus dedos avanzaban, vacilaba, como si hubieran encontrado una cara en la oscuridad. Cuando, por fin, la mano quedaba en reposo, la palma se cerraba; era como si hubiera tapado una boca llorosa. La mano quedaba quieta y ella se volvía. En aquellos momentos, Felix experimentaba una aprensión inexplicable. La sensualidad de sus manos le asustaba.

Sus ropas eran de un período que él no acababa de identificar. Llevaba plumas como las que solía llevar la madre de Felix, aplastadas hacia la cara. Sus faldas, moldeadas a la cadera, tenían una línea amplia. Eran más largas y con más vuelo que las de otras mujeres, y eran de unas sedas pesadas que le daban aspecto de renovada antigüedad. Un día él descubrió el secreto. Al entrar en una tienda de antigüedades de la orilla del Sena, para pedir precio de un pequeño tapiz, vio a Robin reflejada en el espejo de la puerta de la trastienda, vestida con un traje de grueso brocado que el tiempo había manchado y roto en algunos lugares, pero tan amplio que permitía holgadamente el arreglo.

Felix descubrió que su amor por Robin no era, propiamente, una elección; era como si el peso de toda su vida se hubiera concentrado en un precipitado único. Él tenía el propósito de forjarse un destino con esfuerzo laborioso y tenaz; pero llegó Robin y su destino se le ofreció espontáneamente. Cuando le pidió que se casara con él lo hizo con un pronto tan impremeditado que le sorprendió verse aceptado, como si en la vida de Robin no cupiera la negativa.

Primeramente, la llevó a Viena. Para darse seguridad a sí mismo, le mostró todos los edificios históricos. Él se repetía que, más tarde o más temprano, en este jardín o en aquel palacio, ella se sentiría súbitamente conmovida como se sentía él. Sin embargo, ahora le parecía que también él era un turista. Trató de explicarle lo que era Viena antes de la guerra; lo que debió de ser antes de que naciera él; sin embargo, sus recuerdos eran desdibujados y confusos, y se oía a sí mismo repetir lo que había leído, porque eso era lo que mejor sabía. Con metódica ansiedad, la llevó por toda la ciudad. Le decía: «Ahora eres baronesa.» Él le hablaba en alemán mientras ella comía guesos *Schnitzel* y pasteles de carne, oprimiéndole la mano sobre el asa maciza de la jarra de cerveza. Le decía: «*Das Leben ist ewig, darin liegt seine Schönheit.*»

Paseaban por delante del Palacio Imperial, bajo un sol cálido y radiante que iluminaba los recortados setos y las estatuas. Fue con ella al Kammergarten y allí le habló, y luego a la Gloriette y se sentaron primero en un banco y luego en otro. De pronto, con un sobresalto, él se dio cuenta de que corría de uno a otro banco como si se tratara de butacas de orquesta, como si fuera él quien estuviera tratando de no perderse nada; ahora, al llegar al extremo del jardín, descubrió que había ansiado ver cada árbol y cada estatua desde un ángulo diferente.

En el hotel, ella se acercó a la ventana, corrió las cortinas de terciopelo, retiró el burlete que Viena inserta en las juntas, para defenderse del viento y abrió la ventana, a pesar de que la noche era fría. Él se puso a hablar del emperador Francisco José y del paradero de Carlos I. Felix hablaba impulsado por el afán implacable de recrear a los grandes, generales, estadistas y emperadores. Sentía en el pecho un peso tan enorme como si soportara toda la carga de sus atavíos y de su destino. A volverse a mirar a Robin tras una interminable catarata de datos y especulaciones, la vio sentada con las piernas extendidas, la cabeza apoyada en el respaldo adamascado del sillón, con un brazo colgando y una mano que, inexplicablemente, parecía más vieja y más sabia que el resto del cuerpo; y, al mirarla, él comprendió que no era lo bastante fuerte para hacer de ella lo que esperaba; se necesitaba algo más que su elocuencia. Se necesitaba el contacto con personas exoneradas de su condición terrena por un acusado sesgo espiritual, alguien de aquel antiguo régimen, una vieja dama de las cortes pasadas que sólo recordaba a otros al tratar de pensar en sí misma.

Por lo tanto, al décimo día, Felix desistió y regresaron a París. Durante los meses siguientes, Felix cifró sus esperanzas en el hecho de que Robin mostrara inclinaciones religiosas y en el reconocimiento de que era un enigma. Se decía a sí mismo que posiblemente bajo aquella aparente indiferencia se ocultaba la grandeza. Él intuía que, a pesar suyo, la atención de Robin ya estaba prendida en algo que todavía no había pasado a la Historia. Ella siempre parecía estar escuchando el eco de una escaramuza en la sangre que no tenía una localización precisa, y cuando él llegó a conocerla mejor esto fue lo único en lo que pudo fundar su intimidad. El espectáculo tenía cierto patetismo: Felix revivía la tragedia de su padre. Ataviado como un capricho de sastre, intentando en vano acomodar su paso al de su mujer, Felix, con el monóculo bien atenazado, caminaba al lado de Robin, hablándole, llamando su atención sobre esto y lo otro, destrozándose a sí mismo y destrozando su paz de espíritu en el afán por darle a conocer el destino para el que la había elegido: el de darle unos hijos que reconocieran y honraran el pasado. Porque, sin esta reverencia, el pasado, tal como lo concebía él, se perdería. Pero ella no escuchaba y él, irritado pero en tono sereno, dijo: «¡Te estoy engañando!» Y se preguntó qué habría querido decir y por qué ella no le oyó.

«Un hijo —pensaba él—. ¡Eso, un hijo!» Y entonces se dijo: «¿Y por qué no llega?» Esta idea le acometió bruscamente mientras cavilaba al tiempo que hacía sus números. Corrió a casa con un frenesí de impaciencia, como el niño que oye desfilar un regimiento y no tiene a quién pedir permiso para ir a verlo pero, a pesar de todo, corre a impulsos desiguales. Cuando la tuvo delante, lo único que pudo tartamudear fue: «¿Y nuestro hijo? *Wo ist das Kind? Warum? Warum?*»

Robin se dispuso a concebir recurriendo a su único poder: una calma cataléptica y tenaz, creyéndose encinta antes de estarlo; y, extrañamente consciente de una tierra incógnita de su interior, no paraba en casa. Paseaba por el campo, subía a los trenes y se iba a otras ciudades, sola y absorta. Una vez estuvo tres días fuera y cuando Felix estaba ya casi loco de angustia, ella apareció en plena noche y dijo que había llegado a mitad de camino de Berlín.

De pronto, abrazó la religión católica. Un día entró quedamente en una iglesia. Las oraciones de los fieles no cesaron ni nadie interrumpió su meditación. Luego, como si un inescrutable deseo de salvación, como si un anhelo monstruoso proyectara una sombra, todo el mundo volvió la cabeza hacia aquella joven alta, con tipo de muchacho, que avanzaba lentamente por el pasillo y se arrodillaba.

Recorrió muchas iglesias: Saint Julien le Pauvre, la iglesia de Saint Germain des Prés, Sainte Clothilde. Se arrodilló hasta en las frías baldosas de la iglesia rusa, en la que no hay bancos: una figura solitaria y ensimismada que llamaba la atención, con sus hombros anchos y sus pies grandes y tan terrenales como los de un fraile.

Un día, en la rue Picpus, entró en los jardines del convento de la Adoration Perpétuelle. Habló con las monjas y ellas, sintiendo que miraban a alguien que nunca podría pedir ni recibir misericordia, la bendijeron desde el fondo de su corazón y le dieron una ramita de rosal. Le enseñaron dónde Jean Valjean guardaba sus aperos y dónde las jovencitas de la *pension* hacían sus colchas, y Robin tomó la ramita sonriendo y contempló la tumba de Lafayette, mientras pensaba sus pensamientos despoblados. Arrodillada en la capilla, en la que nunca faltaba una monja que rezara el rosario, Robin, tratando de concentrar la mente en esta súbita necesidad, advirtió que estaba preocupada pensando en su estatura. ¿Estaría creciendo todavía?

Ella trataba de pensar en el mundo al que pertenecería su hijo. Pensaba en el emperador Francisco José. Existía una relación entre la gravidez de su cuerpo y el peso que había en su mente donde la razón era inexacta por falta de necesidad. Divagaba pensando en mujeres, mujeres a las que ella relacionaba con otras mujeres. Extrañamente, eran mujeres de la Historia, Louise de La Vallière, Catalina de Rusia, Madame de Maintenon, Catalina de Médicis y dos mujeres de la literatura, Anna Karenina y Catalina Heathcliff; y ahora esta otra mujer, Austria. Ella rezaba, y su oración era monstruosa, porque no quedaba en ella margen para la condenación ni para el perdón, para la alabanza ni para el reproche —los que no pueden concebir un pacto no pueden ser salvados ni condenados. Ella no podía ofrecerse a sí misma; solamente hablaba de sí misma; con una preocupación se autoalimentaba.

Apoyando su cara infantil, de barbilla redonda y llena, en el *prie-dieu*, con la mirada fija, de pronto se echó a reír en virtud de cierta oculta capacidad, con un recóndito humor subterráneo; cuando cesó la risa, dobló el cuerpo hacia delante, en un desvanecimiento, despierta pero con la pesadez del que duerme.

Aquella noche, cuando Felix volvió a casa, encontró a Robin dormida en un sillón, con una mano en la mejilla y un brazo caído. En el suelo, al lado de su mano, había un libro. Eran las Memorias del marqués de Sade. Una línea estaba subrayada: *Et lui rendit pendant sa captivité les mille services qu'un amour dévoué est seul capable de rendre*, y, de pronto, a Felix le asaltó la pregunta: «¿Qué es lo que está mal?»

Ella despertó pero no se movió. Él se acercó, la tomó del brazo y la levantó. Ella apoyó una mano contra el pecho de él, empujándole. Parecía asustada. Abrió la boca, pero no salió ni una palabra. Él dio un paso atrás, trató de hablar, pero se separaron sin decir nada.

Aquella noche, le empezaron los dolores. Ella juraba a gritos, algo que pilló totalmente desprevenido a Felix; él trataba ridículamente de ponerla cómoda.

—¡Vete al infierno! —gritó ella. Se movía despacio, alejándose de él de silla en silla; estaba borracha, con el pelo bailándole delante de los ojos.

Robin dio a luz entre gritos frenéticos de autoafirmación y desesperación. Temblando de dolor y de furor, jurando como un carretero, se incorporaba apoyándose en un codo, con el camisón manchado de sangre, mirando a un lado y otro de la cama como si hubiera perdido algo. «¡Por los clavos de Cristo, por los clavos de Cristo!», gritaba llorando como una niña ante el comienzo de un horror.

Al cabo de una semana de dejar la cama, estaba perdida, como si hubiera hecho algo irreparable, y este acto fuera la primera cosa de su vida que atraía su atención.

Una noche, Felix entró sin hacer ruido y la encontró en el centro de la habitación, sosteniendo en alto a la criatura, como si se dispusiera a estrellarla contra el suelo, pero la bajó con suavidad.

La criatura, un niño, era pequeño y triste. Dormía demasiado, en una trémula parálisis nerviosa. Hacía pocos movimientos voluntarios y lloriqueaba.

Robin volvía a salir a vagar sin rumbo. Hacía viajes intermitentes, de los que volvía horas o días después, indiferente. La gente se sentía violenta cuando ella les dirigía la palabra, enfrentados a una catástrofe que todavía no había comenzado.

Todos los días, Felix sentía nacer la pena. Por

lo demás, fingía no darse cuenta de nada. Robin casi no paraba en casa. Él no sabía dónde preguntar. A veces, al ir a entrar en un café, daba marcha atrás porque la había visto en el bar; a veces, riendo, pero casi siempre silenciosa, con la cabeza inclinada sobre la copa y el pelo hacia la cara y, alrededor de ella, gente de todas clases.

Una noche, al volver a casa a eso de las tres, la encontró a oscuras, al lado de la ventana, entre los pliegues de la cortina, adelantando el mentón de tal manera que se le recortaban los músculos del cuello. Cuando él se le acercaba, ella dijo, furiosa: «¡Yo no lo quería!» Levantó la mano y le dio una bofetada.

Él dio un paso atrás; se le cayó el monóculo y lo asió al vuelo. Respiró profundamente. Esperó un segundo largo, tratando de aparentar naturalidad: «Tú no lo querías —dijo—. Se inclinó, ostensiblemente para desenredar la cinta—. Al parecer, en eso fracasé.»

—¿Por qué no evitamos hablar de él? —preguntó ella—. Hacer como si no existiera.

Felix giró el cuerpo sin mover los pies. «¿Qué vamos a hacer?»

Ella le enseñó los dientes en una mueca que no era una sonrisa. «Me marcho», dijo. Cogió la capa. Siempre la llevaba arrastrando. Miró la habitación como si la viera por primera vez.

Durante tres o cuatro meses, la gente del barrio preguntó por ella en vano. Nadie sabía adónde había ido. Cuando volvió a aparecer, iba acompañada de Nora Flood. No explicó dónde había estado; no podía o no quería hablar de sí misma. El doctor dijo: «En América, que es donde vive Nora. Si lo sabré yo, que la ayudé a venir al mundo.»

RONDA NOCTURNA

El «salón» más extraño de América era el de Nora. Su casa estaba rodeada de una maraña de maleza. Antes de pasar a ser propiedad de Nora, la finca había pertenecido a una misma familia durante doscientos años. Tenía su propio cementerio y una capilla ruinosa en la que se conservaban unos mohosos libros de salmos, apilados de diez en diez, levantada cincuenta años atrás en repentino arrebato de perdón y absolución.

Era el salón del «pobre» para poetas, revolucionarios, pordioseros, artistas y enamorados; para católicos, protestantes, brahmines, adeptos de la magia negra y de la medicina. De todo había alrededor de su mesa de roble, delante de la gran chimenea, y Nora escuchaba con la mano sobre su sabueso, mientras el fuego proyectaba su sombra y la del perro, agigantadas, en la pared. De toda aquella turba que despotricaba a gritos, sólo ella se destacaba. El equilibrio de su carácter, enérgico y refinado, daba a su cabeza, de porte sereno, un gesto de afabilidad. Era una mujer alta, de hombros anchos y, aunque su cutis era como el de una niña, se adivinaba que pronto se curtiría, ya se advertía cómo maduraba la madera, cómo adquiría fuste su árbol, testimonio histórico del tiempo sin fuentes documentales.

En seguida se veía en ella a la mujer del Oeste. Al mirarla, los desconocidos recordaban los relatos de carretas, animales que iban a beber al río, cabezas de niño asomando, sólo hasta los asustados ojos, por ventanas pequeñas, mirando a la oscuridad donde acechaba otra raza, emboscada. Mujeres con faldas de pesado jaretón, mujeres grandes, que aplastaban los campos que pisaban llevando a Dios tan firmemente asentado en su mente que habrían podido forjar el mundo con Él en siete días.

En aquellas tertulias increíbles, sentías que volvía a interpretarse la antigua Historia de América. El tambor, Fuerte Sumter, Lincoln, Booth, te acudían a la mente, no sabías por qué; *whigs* y *tories* rondaban la escena, barras y estrellas, el enjambre que crecía con lentitud y precisión en el panal azul, la gesta del té de Boston, carabinas, la llamada a voces de un muchacho; pies puritanos, enhiestos en la tumba desde hacía tiempo, volvían a pisar la tierra de modo inhabitual, con el tacón de la plegaria hincado en el corazón. Y, en medio de todo aquello, Nora.

Por temperamento, Nora era como los primeros cristianos; ella creía en la palabra. En el «sufrimiento del mundo» hay un hueco por el cual el ser singular cae continua, interminablemente; es un cuerpo que se precipita por el espacio observable, privado de la intimidad de la desaparición; como si la intimidad, apartándose inexorablemente, por el mismo poder sustentatorio de su retirada, mantuviera el cuerpo descendiendo eternamente, pero siempre en el mismo sitio y siempre a la vista. Este ser singular era Nora. Había en su mismo equilibrio una perturbación que la mantenía inmune a su propia caída.

Nora tenía la cara de la gente que ama a la gente, una cara que sería torva cuando averiguase que amar sin reservas es ser traicionado. Nora se robaba a sí misma por todo el mundo. Insensible a la advertencia, cuando quería recordar, ya había sido defraudada. Los viajeros de todo el mundo le sacaban buen partido porque siempre se la podía vender. Y es que ella llevaba el dinero de la traición en su propio bolsillo.

Los que lo aman todo son despreciados por todo, al igual que los que aman una ciudad, en su sentido más profundo, se convierten en la vergüenza de la ciudad, los *détraqués*, los pobres; su bien es incomunicable, ha sido burlado, por ser el rudimento de una vida que ha evolucionado, del mismo modo que en el cuerpo humano se hallan reliquias de necesidades superadas. Esta particularidad se había comunicado incluso a la casa de Nora; se detectaba en sus invitados y en sus jardines abandonados, donde Nora había sido cera en las manos de todas las fuerzas de la Naturaleza.

Dondequiera que se la viera, en la ópera, en el teatro, sola y aparte, con el programa boca abajo en las rodillas, uno advertía en sus ojos grandes, saltones y claros, ese brillo no reflectante de los metales pulidos en los que no se advierte el objeto en sí sino el movimiento del objeto. Del mismo modo que la superficie del cañón de un arma, al reflejar una escena, imprime en la imagen el carácter de su propia construcción, así sus ojos contraían y condensaban la obra según su propia naturaleza. Por la forma en que erguía la cabeza, uno advertía que sus oídos estaban captando a Wagner, a Scarlatti, a

Chopin o a Palestrina, o las melodías más ligeras de la escuela vienesa, con una orquestación más reducida pero más intensa. Y ella era la única mujer del siglo pasado que podía subir a una montaña con los adventistas del Séptimo Día y confundir al séptimo día con un apasionamiento tan fervoroso en su corazón que daba al séptimo día una cualidad inmediata. Sus correligionarios creían en aquel día y en el fin del mundo por una serie de desconcertadas y embarulladas apreciaciones de los seis días anteriores; Nora creía por la belleza de aquel día en sí. Ella era una de esas personas que nacen sin recursos, salvo el recurso de sí mismas.

Uno echaba de menos en ella un sentido del humor. Su sonrisa era pronta y franca pero despegada. De vez en cuando reía entre dientes por algún chiste, pero era la suya esa risa entre divertida y estoica del que, al levantar la mirada, descubre que ha coincidido con la trayectoria de las necesidades de un pájaro.

Ella parecía saber poco o nada del cinismo o de la risa, ese segundo caparazón en el que se refugia el ser cuando es desarmado. Ella era una de esas desviaciones por las que el hombre piensa reconstruirse.

«Confesarse» con ella era un acto todavía más secreto que la comunicación que ofrece el sacerdote. En ella no había lugar para la malicia; escuchaba sin reproche ni acusación, ya que desconocía el autorreproche y la autoacusación. Esto atraía a la gente y la asustaba. No podían ni insultarla ni echarle nada en cara, a pesar de que les mortificaba tener que reasumir una injusticia que no habían conseguido descargar en ella. Nora no habría podido estar en un tribunal;

nadie habría sido colgado, encarcelado ni perdonado porque nadie habría sido «acusado». El mundo y su historia eran para Nora como un barco en una botella; ella se mantenía fuera, sin identificarse, interminablemente absorta en una preocupación sin problema.

Entonces conoció a Robin. El circo Denckman, con el que Nora mantenía contacto aunque no trabajaba para él (algunos artistas visitaban su casa), se presentó en Nueva York en el otoño de 1923. Nora fue sola. Se sentó en la primera fila de sillas de pista.

Payasos de rojo, blanco y amarillo, con las tradicionales manchas de color en la cara, se revolcaban en el serrín como si estuvieran en el vientre de una gran madre en el que quedara sitio para jugar. Un caballo negro, de pie sobre temblorosas patas traseras, convulsas de aprensión ante los cascos delanteros levantados, con su hermosa cabeza empenachada vuelta hacia el látigo del domador, caminaba lentamente agitando las manos. Unos perros diminutos corrían por la pista imitando a los caballos. Luego salieron los elefantes.

Una muchacha que estaba sentada al lado de Nora sacó un cigarrillo y lo encendió; le temblaban las manos, y Nora se volvió a mirarla; la miró porque los animales, al dar la vuelta a la pista, casi saltaban la valla en aquel punto, como si no vieran a la muchacha; pero cuando sus ojos mates tropezaban con ella parecían enfocarla con su órbita de luz. Entonces Nora se volvió.

Habían montado la gran jaula de los leones que iban saliendo de sus jaulas pequeñas. Majestuosos, melenudos, arrastrando la cola, con paso lento y pesado, hacían gravitar en el aire una fuerza contenida. Luego, cuando una gran leona llegó al ángulo de la jaula, situado mismamente frente a la muchacha, el animal volvió su gran cabeza furibunda, con sus ojos amarillos encendidos y se agachó pasando las patas por entre los barrotes y, al mirar a la muchacha, fue como si un río se precipitara al otro lado de un calor infranqueable y sus ojos se licuaron en unas lágrimas que no llegaron a la superficie. A esto la muchacha se puso de pie. Nora le tomó la mano. «¡Vámonos de aquí!», dijo la muchacha, y Nora, sin soltarle la mano, la llevó afuera.

En el vestíbulo, Nora dijo: «Me llamo Nora Flood» y se quedó aguardando. Después de una pausa, la muchacha dijo: «Robin Vote —miró en derredor con desconsuelo—. No quiero estar aquí.» Pero fue todo lo que dijo; no reveló dónde quería estar.

Se quedó en casa de Nora hasta mediados de invierno. Dos sentimientos la movían: amor y deseo de anonimato, tan imbricados el uno en el otro que era imposible separarlos.

Nora cerró la casa. Fueron a Munich, Viena, Budapest y París. Robin hablaba poco de su vida, pero, de una u otra forma, constantemente manifestaba su deseo de tener un hogar, como si temiera volver a perderse, como si supiera, implícitamente, que pertenecía a Nora y que, si Nora, con su propia fuerza, no le daba asidero ella podría olvidar.

Nora compró un apartamento en la rue du Cherche-Midi. Lo eligió Robin. Desde las altas ventanas se veía una fuente y una estatua de una mujer de granito, alta, inclinada hacia delante con la cabeza levantada; tenía una mano sobre la cadera, en la actitud del que pretende inculcar precaución a un niño atolondrado.

En su convivencia, cada objeto del jardín, cada mueble de la casa, cada palabra que decían, eran prueba de su amor, de su compenetración. Tenían sillas de circo, caballos de cartón comprados en un viejo tiovivo, candelabros venecianos del mercadillo, decorados de Munich, querubines de Viena, colgaduras litúrgicas de Roma, una espineta de Inglaterra y una colección de cajas de música de distintos países. Era el museo de su encuentro, al igual que la casa que Felix había montado por referencias fuera testimonio del tiempo en que su padre vivió con su madre.

Cuando Nora empezó a quedarse sola casi toda la noche y parte del día, la personalidad de la casa la hacía sufrir. Es el castigo de los que amueblan sus vidas en común. Inconscientemente al principio, procuraba no tocar nada de su sitio; luego, advirtió que sus movimientos cautos y cuidadosos respondían a un temor irracional: si tocaba algo, Robin podría desorientarse, podría perder el rastro.

El amor se convierte en depósito del corazón, análogo en todos los aspectos a los «hallazgos» de una tumba. Si en la tumba se marca el emplazamiento del cuerpo, las vestiduras, los utensilios para la otra vida, también en el corazón se detecta, como sombra indeleble, el objeto de su amor. En el corazón de Nora estaba el fósil de Robin, la entalladura de su identidad, en torno a la cual, para su mantenimiento, circulaba la sangre de Nora. Por lo tanto, el cuerpo de Robin nunca podía ser odiado ni corrompido, ni extraído. Robin estaba ahora más allá de los cambios temporales, salvo por la sangre que la animaba. La idea de que pudieran hacérsela perder fijaba la imagen de Robin en la imaginación de Nora con negros temores. Robin sola, cruzando la calle, Robin en peligro. Por la fuerza de la obsesión, Robin adquiría un tamaño enorme y polarizaba todos los peligros y catástrofes, magnetismo de todas las tribulaciones; Nora se despertaba por la noche gritando, y reseguía la marea de los sueños en la que la angustia la había sumido, llevando consigo el cuerpo de Robin como las criaturas de la tierra se llevan el cadáver, con infinita paciencia, con minuciosa perseverancia, dejando su contorno en la hierba como si, al llevárselo, lo bordaran.

Sí; ahora, cuando estaban solas y contentas, apartadas del mundo por su visión del mundo, entraba con Robin una compañía extraña e imprevista. A veces, se detectaba con claridad en las canciones que cantaba, canciones italianas, francesas o alemanas, canciones populares, canciones obscenas y canciones de caza, que Nora no había oído nunca o que no había oído con Robin. Cuando cambiaba la cadencia, cuando la canción se repetía en tono menor, ella comprendía que Robin cantaba una vida en la que Nora no tenía parte; retazos de armonía tan reveladores como las posesiones de un trotamundos. Eran unas canciones que hacían lo que la prostituta artera que no dice que no a ninguno menos al que la quiere. A veces, Nora le hacía coro, con la cohibición del que ensaya una canción en una lengua extraña, sin saber qué dice la letra. Hasta que, incapaz de resistir la melodía que por decir tan poco decía tanto, interrumpía a Robin con una pregunta. Pero todavía era más triste el momento en que, después de una pausa, la canción renacía desde un ámbito interior donde Robin, a hurtadillas, lanzaba un eco de su vida desconocida más acorde con su origen. A veces, la canción quedaba interrumpida hasta que, maquinalmente, en el preciso instante de salir de casa, Robin la reanudaba como una anticipación, trocando el tono de reminiscencia por el de expectativa.

Pero a veces, al cruzarse por la casa, se abrazaban con angustia, mirándose a la cara, sujetándose la cabeza mutuamente, tan tensas a su contacto que el espacio que quedaba entre las dos parecía alejar a una de otra. A veces, en aquellos momentos de inconsolable dolor, Robin hacía un ademán o utilizaba un modismo peculiar no habitual en ella, ajena a la delación por la que Nora era informada de que Robin había vuelto de un mundo al que pensaba regresar. Para retenerla (había en Robin ese anhelo de que la retuvieran, porque se sabía extraviada), Nora sabía que no había más medio que la muerte. En la muerte, Robin sería suya. La muerte iba con ellas, estuvieran juntas o separadas, y, con el tormento y la catástrofe, iba la idea de la resurrección, el segundo duelo.

Mientras miraba el sol poniente del cielo invernal, sobre el que se recortaba una pequeña torre situada muy cerca de la ventana del dormitorio, Nora deducía por los sonidos la fase exacta del arreglo de Robin; tintineo de frascos de cosmético y tarros de crema, el leve aroma del cabello calentado por la tenacilla eléctrica... y mentalmente veía cómo cambiaba la inclinación de los bucles de la frente de Robin y cómo el pelo se iba rizando desde la coronilla hasta la nuca con suaves curvas ascendentes, sobre aquella cabeza hermética con un silencio espantoso. Medio narcotizada por los sonidos y por el conocimiento de que anunciaban la marcha, Nora se decía: «En la resurrección, cuando nos alcemos mirando atrás, buscándonos la una a la otra, yo no conoceré a nadie más que a ti. Mi oído girará en la órbita de mi cabeza, mis ojos se desprenderán en el punto en que yo me haga torbellino en torno a la deuda saldada y mi pie se hincará, terco, en la tierra removida de tu tumba.» Robin, desde la puerta, le decía: «No me esperes.»

Durante los años que vivieron juntas, las salidas de Robin siguieron un ritmo que fue acelerándose progresivamente. Al principio, Nora iba con Robin, pero, al advertir en Robin una tensión creciente, incapaz de soportar la idea de que la estorbaba o de que estaba olvidada, al ver a Robin ir de mesa en mesa, de copa en copa y de persona en persona, al comprender que, de no estar allí, Robin podía volver a ella como al que, por haber permanecido apartado de la turbulencia de la noche, tiene algo nuevo que ofrecer, Nora se quedaba en casa, durmiendo o despierta. A medida que avanzaba la noche, la ausencia de Robin se convertía en una privación física, insoportable e irreparable. Si no se puede renegar de una mano amputada, porque está experimentando un futuro cuya víctima es el antepasado, así Robin era una amputación de la que Nora no podía desentenderse. Y, como anhela el muñón, así anhelaba su corazón. Se vestía y salía a la noche para huir de sí misma, rehuyendo el café en el que pudiera entrever a Robin.

Una vez en la calle, Robin caminaba sumida en una vaga meditación, con las manos metidas en las mangas del abrigo, dirigiendo sus pasos hacia aquella vida nocturna que estaba formada por una trayectoria conocida entre Nora y los cafés. Sus meditaciones, durante este recorrido, eran parte del placer que esperaba encontrar al final del trayecto. Era esta distancia exacta lo que impedía que los dos extremos de su vida —Nora y los cafés— llegaran a formar un monstruo de dos cabezas.

Sus pensamientos eran en sí una forma de locomoción. Andaba con la cabeza erguida y parecía mirar a todos los transeúntes. No obstante, su mirada estaba anclada en la anticipación y el pesar. Una expresión de irritación intensa y precipitada ensombrecía su rostro y le hacía torcer la boca al acercarse a compañía nocturna; sin embargo, a medida que sus ojos recorrían las fachadas de los edificios, buscando la cabeza tallada en piedra que les gustaba a ella y a Nora (una cabeza griega, con los ojos protuberantes de asombro, por los cuales la boca desconsolada parecía derramar lágrimas), una serena alegría irradiaba de sus propios ojos; porque esta cabeza era recordatorio de Nora y de su amor, y hacía que aquella ilusión que tenía por reunirse con aquella gente se le antojara insípida y triste. Así, maquinalmente, doblaba la esquina de la calle. Si, como ocurría a veces, tenía que desviarse porque se tropezaba con una formación de soldados, una boda o un entierro, entonces, por su agitación, parecía formar parte del cortejo, del mismo modo en que la mariposa, por su relación con el calor que será su muerte, se asocia con la llama como parte componente de su actividad. Era esta característica lo que la salvaba de que alguien le preguntara «adónde» iba. Los transeúntes, que sentían la pregunta en la punta de la lengua, al observar su abstracción y su confusión, se reprimían y se limitaban a mirarse unos a otros.

El doctor, al ver a Nora sola en la calle, se dijo, cuando la alta figura de la capa negra le adelantó a la luz de un farol: «Ahí va la desmantelada. El amor se le ha caído de la pared. Una mujer religiosa, sin la alegría ni la seguridad de la fe católica que, como por ensalmo, te cubre los huecos de la pared de los que se han desprendido los retratos de la familia; si a una mujer le quitas esa seguridad —se dijo a sí mismo, apretando el paso para seguirla—, el amor se suelta y se mete por las vigas. En todas partes la ve —agregó mirando a Nora que se perdía en la oscuridad—. Va buscando lo que teme encontrar: Robin. Madre angustiada que trata de llevarse el mundo a casa.»

Mirando a cada pareja que pasaba, a cada carruaje, a cada automóvil, las ventanas iluminadas de las casas, tratando de descubrir no ya a Robin sino la huella de Robin, influencias de su vida (y a los que aún tenían que ser traicionados), Nora espiaba en cada figura que pasaba algún movimiento que le recordara un ademán que hacía Robin; rehuyendo la zona donde sabía que estaba, donde, por sus propios movimientos, los camareros y la gente de las terrazas podrían descubrir que ella formaba parte de la vida de Robin. Regresaba a casa y empezaba la noche interminable. Escuchando los débiles sonidos de la calle, y todos los murmullos del jardín, acechando el leve zumbido que prometiera convertirse en el ruido que anunciaría la vuelta a casa de Robin, Nora, echada en la cama, golpeaba la almohada sin fuerza, sin poder llorar, con las piernas encogidas. A veces, se levantaba y paseaba como si quisiera ayudar a pasar el tiempo, como si, acelerando el latido de su corazón, pudiera adelantar el regreso de Robin. Y, dejando de andar en vano, de pronto, se sentaba en una de las sillas de circo, colocadas al pie de la alta ventana que daba al jardín, inclinaba el cuerpo hacia delante, ponía las manos entre las rodillas y se echaba a llorar. «¡Oh, Dios! ¡Oh, Dios!», repetido tantas veces que, al final, tenía el efecto de todas las palabras que se dicen en vano. Se quedaba traspuesta, despertaba otra vez y empezaba a llorar antes de abrir los ojos. Y volvía a la cama, y caía en un sueño que reconocía; aunque, por el carácter definitivo de esta versión, comprendía que el sueño no había estado «bien soñado» antes. Lo que el sueño tuviera de imponderable ahora quedaba fijado con la entrada de Robin.

Nora soñaba que estaba en lo alto de una casa, es decir, en el penúltimo piso —la habitación de la abuela—, fastuosa y rancia; a pesar de que contenía todos los objetos de su abuela, estaba tan vacía como el nido del pájaro que no ha de volver. Retratos del tío-abuelo Llewellyn, muerto en la guerra de Secesión, alfombras descoloridas, cortinas que parecían columnas por el tiempo de su inmovilidad; una pluma y un tintero, la tinta del cañón, pálida. Nora, de pie, miraba la casa como desde un andamio, y ahora, en el sueño, había entrado Robin que estaba abajo, con mucha gente. Nora se dijo: «El sueño no volverá a ser soñado.» Un disco de luz que parecía venir de alguien o de algo que estaba a su espalda y que todavía era una sombra, iluminaba la cara de Robin vuelta hacia arriba, con sonrisa de «único superviviente», una sonrisa embebida en miedo hasta el hueso.

Nora, angustiada, oyó su propia voz que decía a su lado: «Sube. Es la habitación de la abuela.» Pero sabía que era imposible, porque la habitación estaba prohibida. Y cuanto más gritaba más se alejaba el piso bajo, como si Robin y ella estuvieran una a cada lado de unos gemelos de teatro puestos del revés, disminuidas por su amor doloroso, un vértigo que proyectaba en sentidos opuestos los extremos de la casa y que estiraba a Nora descoyuntándola.

Este sueño, ahora ya completo, tenía aún la anterior cualidad de no haber sido nunca el cuarto de la abuela. Ella no parecía estar allí en persona ni poder formular una invitación. Ella quería poner sus manos en algo de la habitación para demostrarlo; el sueño nunca se lo permitió. Esta habitación, que nunca fue la de su abuela, que, por el contrario, parecía el reverso de cualquier habitación en la que hubiera estado su abuela, no obstante, estaba saturada de la presencia perdida de la abuela que parecía continuamente en trance de abandonarla. La arquitectura del sueño la había reconstruido perdurable y continua, desapareciendo con un vestido largo de suaves pliegues y cuello de encaje. Los frunces de la espalda de los que arrancaba la cola, describían una curva ascendente de las caderas a los hombros en una línea apta para disimular no ya el encorvamiento de la edad sino el temor del encorvamiento. Con esta imagen de su abuela que no era del todo su abuela tal como ella la recordaba, iba un recuerdo de su niñez, como la vio el día en que se tropezó con ella en una esquina de la casa —la abuela que, por alguna razón desconocida, se había vestido de hombre, llevaba bombín y un bigote pintado con corcho quemado. Estaba ridícula y regordeta, con pantalón ceñido y chaleco rojo y extendía los brazos diciendo con amplia sonrisa: «¡Cielo mío!» Su abuela, «manipulada» como una ruina prehistórica que simbolizaba su vida fuera de su vida, y que ahora se aparecía a Nora para simbolizar algo que se hacía a Robin, Robin desfigurada y eternizada por los jeroglíficos del sueño y el dolor.

Despertó, empezó a pasear otra vez y, al mirar al jardín, a la luz del amanecer, distinguió una sombra doble que se desprendía de la estatua. Pensando que podía ser Robin, la llamó, pero no recibió respuesta. Inmóvil, entornando los ojos, vio emerger de la oscuridad la luz de los ojos de Robin, y el temor que había en ellos aumentaba su luminosidad hasta que, por la intensidad de su doble mirada, los ojos de Robin se encontraron con los suyos y las dos se quedaron mirándose. Como si esa luz tuviera el poder de situar el objeto de su temor en la zona de catástrofe, Nora vio el cuerpo de otra mujer surgir de la sombra de la estatua, con la cabeza inclinada para que los nuevos ojos no aumentaran la iluminación; sus brazos rodeaban el cuello de Robin, su cuerpo oprimía el de Robin, sus piernas abandonadas en el abrazo.

Incapaz de apartar la mirada, sin poder hablar, experimentando una sensación de mal completa y devastadora, Nora cayó de rodillas, para que sus ojos no fueran apartados de la imagen por su voluntad, sino que descendieran con la caída de su cuerpo. Arrodillada con la barbilla apoyada en el alféizar pensaba: «Ahora ya no deben de seguir abrazadas.» Le parecía que, si ahora se volvía y dejaba de mirar lo que hacía Robin, la escena se borraría y sólo quedaría Robin. Cerró los ojos y en aquel momento conoció una felicidad terrible. Robin, como una durmiente, estaba protegida, apartada del camino de la muerte por brazos sucesivos de mujeres; pero, al cerrar los ojos, Nora exhaló un «¡Ah!» con el automatismo del último «¡Ah!» del cuerpo que es golpeado en el momento de lanzar el postrer aliento.

LA *SQUATTER*

Jenny Petherbridge era una mujer de mediana edad, cuatro veces viuda. Todos sus maridos habían muerto consumidos; ella era como una ardilla que hiciera girar la rueda día y noche, en su afán por hacerlos históricos, y ellos no lo resistían.

Tenía un perfil anguloso y un cuerpo pequeño, débil y feroz que te hacían pensar, sin saber por qué, en la mujer de Popeye; no casaban. Cualquier parte de su persona sólo hubiera podido considerarse «correcta» separada del resto. En sus muñecas y en sus dedos había un trémulo ardor como de represión compleja. Parecía vieja y, al mismo tiempo, expectante de vejez. Te daba la impresión de estar humeando con el vapor de otra persona que estuviera en trance de muerte; sin embargo, sugería a la mente el olor (porque hay olores puramente mentales que no tienen realidad) de la mujer que va a parir. Su cuerpo sufría con su régimen de risas y migajas, invectiva e indulgencia. Pero si extendías el brazo para tocarla, su cabeza se movía perceptiblemente con el arco quebrado de dos instintos, retroceder y adelantar, de manera que la cabeza giraba con timidez y agresividad a la vez, dotada de un ritmo tiritón y expectante. Jenny sufría por la incapacidad de ponerse una prenda que le sentara bien. Era una de esas mujeres pequeñas y nerviosas que, se pongan lo que se pongan, parecen niños atormentados.

Tenía pasión por los elefantitos de marfil o de jade; decía que daban suerte, y dondequiera que fuera dejaba un reguero de figuritas de elefante; y andaba siempre de prisa y siempre jadeando.

Sus paredes, sus armarios y sus canteranos rebosaban de transacciones de segunda mano con la vida; hay que ser un ladrón auténtico e intrépido para agenciarse un botín de primera mano. En el dedo llevaba el anillo de casamiento de otra persona; encima de la mesa tenía la foto que Robin se había hecho para Nora. Los libros de su biblioteca eran elección de otra persona. Ella vivía entre sus objetos como una visita, en una habitación conservada «tal como estaba cuando...». Andaba de puntillas hasta al entrar en el cuarto de baño para llenar la bañera, nerviosa y *andante*. Se paraba, agitada y febril, delante de cada objeto de la casa. No tenía sentido del humor, ni paz, ni sosiego, y su trémula incertidumbre hacía que incluso los objetos que ella mostraba como «mi Virgen de Palma» o «el guante izquierdo de la Duse» retrocedieran difuminándose en la distancia, de modo que al interlocutor le resultaba imposible distinguirlos siquiera. Si alguien hacía un comentario jocoso acerca de un suceso contemporáneo, ella le miraba perpleja y un poco escandalizada como si fuera una inconveniencia, por lo que su atención se concentraba en detectar los *faux pas*. Con frecuencia decía que tal o cual cosa sería «su muerte» y sin duda lo habría sido, de haberla sufrido ella antes que nadie. Parecía que las palabras que le salían de la boca se las habían prestado; de haber sido obligada a inventarse un vocabulario, éste habría constado únicamente de «¡Ah!» y «¡Oh!». Planeando, temblando, andando con sigilo, refería anécdota tras anécdota en atropellado siseo, con una vocecita que parecía siempre a punto de quebrarse, enronqueciendo y convirtiéndose en una voz «normal», pero nunca se convertía. Los cuentos eran humorísticos y los contaba bien. Sonreía, gesticulaba, abría mucho los ojos; inmediatamente, todos los presentes tenían la sensación de que se perdía algo, de que allí había una persona a la que se le pasaba por alto la importancia del momento, alguien que no había oído el cuento: la propia narradora. Tenía infinidad de recortes de periódico y viejos programas de teatro. Frecuentaba la Comédie Française, hablaba de Molière, de Racine y de *La Dame aux Camélias.* Era generosa con el dinero. Hacía regalos espléndidos con espontaneidad pero ella era la peor receptora de regalos del mundo. Enviaba canastillas de flores a las actrices porque sentía pasión por los personajes que interpretaban. Las flores estaban atadas con metros de cinta de satén y el billete que las acompañaba era afable y efusivo. A los hombres les enviaba libros a docenas; la impresión general era la de que era una gran lectora, aunque quizá no había leído ni diez libros en toda su vida. Tenía una constante rapacidad por los hechos de las vidas ajenas; porque absorbía el tiempo se consideraba responsable de los personajes históricos; era ávida y desordenada de corazón. Con su pasión por ser una persona, profanaba el sentido mismo de la personalidad. En algún lugar de su ser se advertía la tensión del accidente que hizo del animal un conato de ser humano.

El futuro la inquietaba y ello la hacía indelicada. Era una de las mujeres malas más insignificantes de su tiempo; porque no podía dejar en paz a su tiempo, y sin embargo no podía formar parte de él. Quería ser la razón de todo y no era causa de nada. Tenía la facilidad de palabra y de acción que la Divina Providencia otorga a los que no pueden pensar por sí mismos. Era maestra de la frase melosa y del abrazo apretadísimo.

Inevitablemente, uno se la imaginaba durante el acto del amor lanzando las floridas exclamaciones propias de la *commedia dell'arte*; aunque no debería uno haberla imaginado en absoluto durante el acto del amor. Ella casi no pensaba en otra cosa, y aunque siempre se sometía al acto y siempre hablaba del espíritu del amor y aspiraba al espíritu del amor, era incapaz de alcanzarlo.

Nadie podía ser un intruso con ella porque no había lugar para la intrusión. Esta incapacidad la hacía sublevarse; no podía participar de un gran amor, sólo podía relatarlo. Dado que sus reacciones sentimentales eran anodinas, tenía que recurrir a las emociones del pasado, a los grandes amores ya vividos y relatados, y con ellos parecía sufrir y alegrarse.

Cuando se enamoraba, lo hacía con el furor de la malicia acumulada; inmediatamente, se convertía en traficante de emociones de segunda mano, emociones incalculables por lo tanto. Al igual que de los sólidos archivos de la costumbre se apropiara de la dignidad de la palabra, también se apropió del amor más apasionado que conocía, el de Nora por Robin. Era una *squatter* por instinto.

Jenny supo de Nora inmediatamente; conocer a Robin, hablar con ella diez minutos ya era conocer a Nora. Robin hablaba de ella con frases largas, difusas y vehementes. Jenny aguzó el oído. Aquellos dos amores parecían uno solo y parecían el suyo propio. Desde aquel momento, la catástrofe fue inevitable. Fue en mil novecientos veintisiete.

En sus citas anteriores, Jenny siempre llegaba temprano y Robin tarde. Podía ser en el Ambassadeurs (Jenny temía encontrarse con Nora). O podía ser una cena en el Bois —Jenny tenía las rentas conjuntas de cuatro maridos—, Robin entraba arrastrando un poco los pies, con ese andar un poco agresivo de las personas altas suavizado por la lisura de la cadera; con las manos en los bolsillos y el cinturón de la trinchera colgando, frunciendo el entrecejo con el gesto rebelde. Jenny se inclinaba sobre la mesa. Robin echaba el cuerpo atrás, con las piernas debajo de la silla para equilibrar la inclinación del cuerpo, y Jenny se adelantaba tanto que tenía que sujetar sus cortas piernas en la pata de la silla, doblando el tobillo por la parte de fuera, con los dedos hacia dentro, para no salir lanzada hacia delante; de este modo, formaban las dos mitades de un movimiento que, como en la escultura, tenía la belleza y el absurdo del deseo que florece pero que no puede dar fruto, que no puede realizar su destino; un movimiento que no puede denotar ni cautela ni osadía porque en ninguna de las dos se daba la condición fundamental para la consumación; eran como corredores griegos con el pie levantado pero sin el alivio de la orden que les permitiera bajarlo; eternamente irritadas, eternamente separadas en un gesto paralizado de cataléptico abandono.

El encuentro en la ópera no fue el primero, pero Jenny, al ver al doctor en el *promenoir*, y conociendo su pasión por el chismorreo, consideró preferible fingir que lo era; en realidad, había conocido a Robin un año antes.

Aunque Jenny sabía que su seguridad estaba en la discreción, ella no podía soportar la seguridad; ella quería ser lo bastante poderosa como para desafiar al mundo —y, sabiendo que no lo era, este conocimiento hacía aumentar aquel agobio de temblona timidez y furor. Al llegar a su casa con el doctor y Robin, Jenny encontró esperándola a varias actrices, a dos señores y a la *marchesa* de Spada, una mujer viejísima y reumática (con un perro de aguas viejo que se ahogaba de asma) que creía en los astros. Se habló de la suerte, se escudriñaron todas las manos de la sala y se analizaron y discutieron todos los destinos. En un extremo de la habitación había una niña (Jenny la llamaba sobrina pero no era de la familia) que había estado tocando el piano, pero cuando Robin entró dejó de tocar y se quedó mirándola por entre sus largas pestañas, como si hubiera hecho un descubrimiento prematuro. Era la niña de la que Jenny habló después cuando visitó a Felix.

La *marchesa* observó que todos los presentes brotaban de fuentes inagotables desde el comienzo del mundo y seguirían reapareciendo, pero una persona había llegado al final de su existencia y no volvería más. Al hablar miraba maliciosamente a Robin que estaba al lado del piano, hablando en voz baja con la niña; al oír las palabras de la *marchesa,* Jenny empezó a temblar levemente, y las puntas del pelo —un pelo hirsuto, viril y repelente— se le agitaban. Empezó a deslizarse por el enorme sofá, con las piernas debajo del cuerpo, en dirección a la *marchesa* y de pronto se levantó.

—¡Pediremos los carruajes! —exclamó—. ¡En seguida! ¡Salgamos a pasear! ¡Necesitamos tomar el aire! —Se volvió de espaldas, hablando con agitación—. ¡Eso, eso, pediremos los coches! ¡Esto está irrespirable!

—¿Qué carruajes? —preguntó el doctor mirando a unos y otros—. ¿Qué carruajes? —Oyó que la criada abría la puerta de la calle y llamaba a los cocheros. Se oyó el agudo crepitar de unas ruedas que se arrimaban a la acera y los gritos apagados de una voz con acento extranjero. Robin se volvió y dijo con una leve sonrisa maliciosa: «Ahora le ha entrado el pánico y habrá que hacer algo.» Dejó la copa y se puso de pie, de espaldas al salón. Cuadró sus anchos hombros y, a pesar de que estaba bebida, se observaba en sus ademanes una cierta reserva y el deseo de marchar de allí.

—Ahora ha ido a vestirse —dijo apoyándose en el piano y extendiendo la mano con la que sostenía la copa—. A vestirse. Esperen. Ya verán. —Luego, adelantando el mentón hasta que se le transparentaron los nervios del cuello, agregó—: A vestirse de época.

El doctor, que estaba tal vez más violento que ninguno de los presentes y que, sin embargo, no podía prescindir del escándalo, o no tendría de qué murmurar cuando hablara de las «manifestaciones» de nuestra época hizo «¡Ssssh!» con un leve ademán y, efectivamente, en aquel momento, en la puerta del dormitorio apareció Jenny vestida con una falda de miriñaque, un sombrerito y un mantón y se quedó mirando a Robin que no le hacía el menor caso y estaba hablando con la niña. Jenny, con el vivo interés de la persona que está convencida de ser parte de la armonía del concierto que está escuchando, apropiándose en cierta medida su identidad, emitía pequeñas jaculatorias exclamativas.

Había en total tres carruajes, esos landós que, si se buscan con tiempo, aún pueden encontrarse en París. Jenny tenía una reserva permanente y, aunque no se les llamara, siempre daban vueltas por los alrededores de su casa, como moscas que rondaran un tazón de nata. Los tres cocheros estaban encorvados en el pescante, con el capote subido hasta las orejas, porque, aunque el otoño no había hecho más que empezar, alrededor de las doce de la noche hacía frío. Los habían llamado para las once y llevaban una hora esperando.

Jenny, helada de pánico porque Robin pudiera subir a uno de los otros carruajes con una muchacha inglesa, alta y de expresión un poco sorprendida, se sentó en el rincón del primer *fiacre* y se puso a gritar: «¡Aquí! ¡Aquí!», dejando que el resto de los invitados se distribuyeran por sí mismos. La niña, Sylvia, se sentó frente a ella, apretando con las manos la raída manta gris. Se oía una algarabía de voces y risas y Jenny advirtió, horrorizada, que Robin se dirigía hacia el segundo coche, en el que ya se había sentado la inglesa.

—¡Ah, no, no! —gritó Jenny, y golpeaba la tapicería del asiento, levantando una nube de polvo—. ¡Ven aquí! —dijo con voz de angustia, como si estuviera muriéndose—. Venid aquí conmigo las dos —agregó con voz ahogada; y, ayudada por el doctor, Robin subió al coche y, para mortificación de Jenny, la inglesa se instaló a su lado.

El doctor O'Connor se volvió entonces al cochero y le gritó:

—*Écoute, mon gosse, va comme si trente-six diables étaient accrochés à tes fesses!* —Luego, agitando la mano con ademán de abandono, agregó—: ¿Y adónde sino a los bosques, los dulces bosques de París? *Fais le tour du Bois!* —gritó. Y, lentamente, los tres carruajes, un caballo tras otro, salieron a los Champs Elysées.

Jenny, sin nada que la protegiera del frío de la noche más que su mantón de Manila, que resultaba ridículo sobre su vaporoso vestido de miriñaque y con la manta sobre las rodillas, iba desplomada en el asiento, con los hombros caídos. Sus ojos, con una increíble celeridad, iban como dardos de una a otra de las muchachas, mientras el doctor, que se preguntaba cómo se las habría ingeniado él para meterse en aquel coche con tres mujeres y una niña, escuchaba las leves risas que sonaban en los otros coches, con una ligera punzada de intriga. «¡Ah! —murmuró entre dientes—. Justo la muchacha que Dios olvidó.» Dicho lo cual le pareció que se precipitaba en las salas de la justicia donde había sufrido durante veinticuatro horas. «¡Dios nos valga!», dijo en voz alta. A lo que la niña se volvió ligeramente en su asiento mirándole con sus grandes ojos inteligentes que, de haberse percatado él, le habrían silenciado instantáneamente (porque el doctor sentía una reverencia maternal por la infancia). «¿Qué hombre es aquel que tiene que adoptar a los hijos de su hermano para convertirse en madre, y sueña que duerme con la esposa de su hermano para darle un futuro? Es algo que bastaría para atraer la negra maldición de Kerry.»

—¿Qué? —exclamó Jenny, con intención de interrumpir la conversación susurrada entre Robin y la inglesa. El doctor se subió el cuello.

—Decía, madame, que por su peculiar perversidad, Dios ha hecho de mí un embustero.

—¿Qué? ¿Qué dice? —inquirió Jenny perentoriamente, con los ojos fijos todavía en Robin, de manera que su pregunta parecía ir dirigida a aquel ángulo del coche, más que al doctor.

—Madame, tiene usted delante a un hombre que fue creado en la ansiedad —dijo él—. Mi padre, Dios haya acogido su alma, nunca se sintió satisfecho de mí. Cuando me alisté en el ejército se ablandó un poco al sospechar que era posible que yo sufriera daño en todo ese barullo que a veces pone a un hijo en la lista de los «desaparecido desde...». Al fin y al cabo, tampoco deseaba que me enmendaran a fuerza de metralla. Una vez entró en mi cuarto de madrugada para decirme que me perdonaba, más aún, que esperaba ser perdonado, que nunca había podido comprenderme pero que, tras muchas cavilaciones y profundas lecturas, venía a ofrecerme su amor, que lo sentía mucho, que había venido a ofrecerme eso y que esperaba que yo sabría portarme como un soldado. Parecía darse cuenta de mi triste situación: ser carne de cañón y caer como una niña que llora llamando a su mamá. De modo que me puse de rodillas encima del colchón y me arrastré hasta los pies de la cama donde él estaba, le abracé y dije: «No importa lo que hayas pensado: tenías razón y en mi corazón no hay para ti más que amor y respeto.»

Jenny, acurrucada bajo la manta, no le escuchaba. Sus ojos seguían todos los movimientos de la mano de Robin que estaba ora posada en la de la niña ora en su pelo acariciándoselo, y la niña sonreía mirando las copas de los árboles.

—¡Oh, por el amor de Dios! —dijo el doctor.

Jenny empezó a llorar suavemente, con lágrimas gruesas, súbitas y cálidas en su cara contraída por una rara tribulación. Aquello entristeció al doctor con un pesar gratamente sentido, ánimo con el que él solía lanzar sus mejores reflexiones. Observó, sin saber por qué, que al llorar ella parecía una personalidad singular, que, al multiplicar sus lágrimas, se colocaba en la situación del que es visto veinte veces en veinte espejos. Que sigue siendo uno pero su pena es múltiple. Jenny lloraba ya descaradamente. Puesto que el suave llanto inicial no había atraído la atención de Robin, ahora Jenny se sirvió de los espasmos de la garganta para llamarla con esa furia insistente que uno siente cuando trata de atraer a una persona determinada en una habitación llena de gente. El llanto se hizo tan preciso como el monótono acompañamiento de una melodía, a pesar de la incapacidad de su corazón. El doctor, que ahora iba sentado con el cuerpo ligeramente inclinado hacia delante, dijo en un tono de voz casi profesional (hacía rato que habían dejado atrás el estanque y el parque y volvían dando un rodeo por los barrios bajos de la ciudad): «Amor de mujer por mujer, ¿qué mente pudo crear este demencial afán de angustia desenfrenada y sombría maternidad sin resolver?»

—¡Oh, oh, mírenla! —dijo ella. Hizo un brusco ademán señalando a Robin y a la niña, como si no estuvieran presentes, como si formaran parte del paisaje que iban dejando atrás con el avance del caballo—. Miren cómo rebaja el amor. —Deseaba que Robin lo oyera.

—¡Ah! —dijo él—. Amor, cosa terrible.

Ella golpeaba la banqueta con el puño. «¿Qué sabe usted de eso? Los hombres no saben nada. ¿Cómo van a saber? Pero una mujer, sí, la mujer es más sensible, más sagrada. ¡Mi amor es sagrado y mi amor es grande!»

—Cállate —dijo Robin poniéndole la mano en la rodilla—. Calla, no sabes lo que dices. No haces más que hablar y no sabes nada. Es un terrible defecto que tienes, que te identificas con Dios. —Sonreía. La inglesa, respirando de prisa, encendió un cigarrillo. La niña seguía callada como lo estuvo durante todo el paseo, con la cara vuelta hacia Robin, mirándola fijamente y tratando de impedir que sus pies, que no llegaban al suelo, oscilaran con el movimiento del coche.

Entoncs Jenny abofeteó a Robin arañándola y desgarrándola y llorando histéricamente. Lentamente, la sangre empezó a resbalar por las mejillas de Robin y, a medida que Jenny la golpeaba, Robin inclinaba el cuerpo hacia delante como a impulsos de los mismos golpes, como si no tuviera voluntad, hundiéndose en el pequeño carruaje, con las rodillas en el suelo, la cara hacia delante y un brazo levantado en actitud defensiva. Y, mientras ella descendía, Jenny, a su vez, como impulsada a concluir el movimiento, casi como una escena proyectada a cámara lenta, se inclinaba hacia delante, de manera que, cuando se completó el movimiento, las manos de Robin quedaron aprisionadas entre el pecho leve y blando y las rodillas de Jenny. Y de pronto la niña se echó hacia atrás en la banqueta, con la cara vuelta hacia el exterior, diciendo con una voz impropia de una niña porque estaba controlada por el terror: «¡Dejadme marchar, dejadme marchar, dejadme marchar!»

El coche torció suavemente por la rue du Cherche-Midi y Robin saltó al suelo antes de que se detuviera. Jenny bajó tras ella y la siguió hasta el jardín.

Poco después de aquello, Nora y Robin se separaron; al poco tiempo, Jenny y Robin zarpaban para América.

VIGILANTE, ¿QUÉ ME CUENTAS DE LA NOCHE?

A eso de las tres de la madrugada, Nora llamó a la puertecita vidriera de la vivienda de la *concierge* y preguntó si el doctor estaba en casa. La *concierge*, con la acritud del sueño interrumpido, le dijo que subiera al sexto piso, que en la puerta de la izquierda lo encontraría.

Nora subió despacio. No sabía que el doctor fuera tan pobre. Golpeó la puerta con los nudillos y tanteó en la madera, buscando el picaporte. Sólo la desesperación podía traerla a aquella hora, a pesar de que sabía que su amigo era un gran trasnochador. Al oír su «¡Adelante!» ella abrió la puerta y, durante un segundo, vaciló al ver el increíble desorden. La habitación era tan pequeña que para acercarse a la cama había que andar de lado; era como si, por estar condenado a la tumba, el doctor hubiera decidido instalarse en ella con el mayor abandono.

Un montón de libros de medicina y de temas diversos, polvorientos y con manchas de humedad, llegaba casi hasta el techo. Encima de ellos, había una ventanita con barrotes, la única ventilación. Sobre un tocador de arce, que no era de factura europea, se veían unos oxidados fórceps, un escalpelo roto y media docena de instrumentos varios que ella no pudo identificar: un catéter, una veintena de frascos de perfume, casi vacíos, pomadas, cremas, barras de labios, polveras y borlas. De los cajones entreabiertos de este tocador colgaban puntillas, cintas, medias, ropa interior de señora y una faja abdominal que te hacía pensar que la fina lencería había sido objeto de un asalto sexual. Junto a la cabecera de la cama había una palangana que rebosaba abominaciones. Aquella habitación tenía una horripilante degradación, como las habitaciones de los burdeles que hasta al más inocente hacen sentirse cómplice; sin embargo, a la habitación no le faltaba un cierto aire varonil; un cruce de *chambre à coucher* y sala de entrenamiento de boxeador. En una habitación en la que una mujer nunca ha puesto el pie se observa una cierta beligerancia. Cada objeto parece batallar contra su propia opresión y hay un olor metálico, como de hierro batido en herrería.

En la estrecha cama de hierro, entre sucias y gruesas sábanas de lino, estaba el doctor, con un camisón de franela de mujer.

La cabeza del doctor, con sus grandes ojos negros, sus mejillas gris acero, estaba enmarcada en el semicírculo dorado de una peluca con unos tirabuzones que llegaban hasta los hombros y, al quedar comprimidos contra la almohada, mostraban su oscuro interior. Tenía los labios muy rojos y las pestañas pintadas. Una idea asaltó a Nora de pronto: «¡Dios, los niños saben cosas que no pueden explicar! ¡A ellos les gusta ver a Caperucita y al Lobo en la cama!» Pero este pensamiento, que no fue sino una sensación de pensamiento, apenas duró un segundo, mientras abría la puerta; al momento, el doctor se había arrancado la peluca y, hundiéndose en la cama, se subió la sábana hasta el pecho. Nora, en cuanto pudo reponerse, dijo:

—Doctor, vengo a pedirle que me hable de la noche.

Mientras lo decía, se preguntaba por qué la acongojaba tanto haber sorprendido al doctor en la hora en que, después de cumplir con la costumbre, había recuperado su verdadero traje.

El doctor dijo:

—Ya ves que puedes preguntármelo todo.

Con lo cual disipó la cohibición de ambos.

Ella se dijo: «¿No es la túnica la vestidura natural de las situaciones extremas? ¿Qué pueblo, qué religión, qué fantasma, qué sueño no la ha llevado? Los niños, los ángeles, los sacerdotes, los muertos; ¿por qué el doctor, en el grave dilema de su alquimia, no había de vestir la túnica?» Y pensó: Él se viste para yacer junto a sí mismo, porque está constituido de tal manera que el amor, para él, sólo puede ser algo especial; en una habitación que al evidenciar que es ocupada por él se muestra tan lacerada como la postrera agonía.

—¿Es que nunca has pensado en la noche? —preguntó el doctor con cierta ironía; estaba irritado, porque esperaba a otra persona, a pesar de que su tópico favorito, del que hablaba a la menor ocasión, era la noche.

—Sí —dijo Nora sentándose en la única silla—; he pensado en ella. Pero de nada sirve pensar en algo de lo que nada se sabe.

—¿Nunca has pensado en esa peculiar polaridad de un tiempo y otro tiempo y el sueño? El sueño, becerro blanco sacrificado. Bien, yo el doctor Matthew-Poderoso-Grano-de-Sal-Dante-O'Connor, te diré cómo se asocian el día y la noche por su disociación. La misma constitución del crepúsculo es una fabulosa reconstrucción del miedo, el miedo con el culo al aire y la cabeza abajo. Cada día está pensado y calculado, pero la noche no está premeditada. La Biblia está a un lado, pero el camisón está al otro. La noche, «¡cuidado con esa puerta oscura!»

—Yo pensaba que la gente, sencillamente, se iba a dormir o, si no, que cada cual seguía siendo el mismo —dijo Nora—. Pero ahora... —Encendió un cigarrillo, y le temblaban las manos—. Ahora veo que la noche hace algo con la identidad de la persona, aunque duerma.

—¡Ah! —exclamó el doctor—. Cuando el hombre se tiende en el Gran Lecho su «identidad» ya no le pertenece. Su «confianza» le abandona y su «voluntad» se transforma. Su sufrimiento es atroz y anónimo. Duerme en una Ciudad de Tinieblas, miembro de una hermandad secreta. Él no se conoce ni a sí mismo ni a sus camaradas. ¡Asola una dimensión temible y desmonta, milagrosamente, en la cama!

»El corazón le brinca en el pecho, un lugar oscuro, aunque algunos se sumergen en la noche como la cuchara corta el agua mansa, otros se lanzan de cabeza contra una nueva connivencia; sus cuernos emiten un crujido seco como la langosta que va a mudar las alas.

»¿Has pensado en la noche ahora, en otro tiempo, en países extranjeros, en París? Cuando las calles rebosaban de cosas que tú no harías ni por una apuesta, ¿y has pensado en lo que ocurría entonces? ¡Los cuellos de los faisanes y los picos de los patos, balanceándose junto a las pantorrillas de los galanes, y sin pavimento en toda la ciudad, millas y millas de arroyo y un hedor que se te agarraba a la nariz a veinte leguas de distancia! ¡Los vendedores, voceando el precio del vino, y al alba, los buenos empleados rebosantes de meado y vinagre! Y en las callejuelas, los sangradores, y una princesa casquivana, en camisa de seda, aullando bajo una sanguijuela. Y no digamos lo que ocurría en los palacios de Nymphenburg en los que hasta Viena resonaban los ecos de las visitas nocturnas de antiguos reyes que hacían aguas menores en tazas recubiertas de terciopelos y maderas talladas. No —dijo mirándola fijamente—, ya veo que no lo has pensado, y deberías, porque hace mucho tiempo que existe la noche.

—Yo no la he conocido hasta hora —dijo Nora—. Creí que la conocía, pero aquello no era conocerla.

—Exactamente —dijo el doctor—. Tú creías conocerla, pero ni siquiera habías barajado las cartas. Aunque no lo creas, las noches de un período no son las noches de otro. Ni las noches de una ciudad son las noches de otra. Vamos a tomar a París por ejemplo y a Francia por un hecho. *Ah, mon Dieu! La nuit effroyable! La nuit qui est une immense plaine et le cœur, qui est une petite extremité!* Ah, Madre mía, *Notre Dame-de-bonne-garde* intercede por mí ahora, mientras explico a lo que voy. Las noches francesas son las que todas las naciones del mundo buscan. ¿Te habías dado cuenta? Pregúntale al doctor Poderoso O'Connor. La razón por la que el doctor lo sabe todo es que ha estado en todas partes en el mal momento y ahora se ha hecho anónimo.

—Pero es que yo nunca pensé en la noche como vida, yo nunca la viví. ¿Por qué ella sí?

—Ahora te hablo de las noches francesas —dijo el doctor— y por qué todos vamos a ellas. La noche y el día son dos viajes, y los franceses, por más egoístas y avariciosos que a veces sean, son los únicos que al alba rinden cuentas de una y de otro. Nosotros destrozamos a una en bien del otro. Los franceses, no.

»¿Y eso por qué? Porque ellos continuamente ven a los dos como uno solo y tienen presente a la noche, como los frailes que repiten: "Señor Jesucristo, Hijo de Dios, ten piedad de mí" doce mil veces o más durante las veinticuatro horas del día, hasta que para bien o para mal, eso se les graba en la cabeza insensiblemente. Los franceses recorren el mundo doblando el cuerpo por la cintura, evolucionando en torno al Gran Enigma, como un pariente alrededor de una cuna, y el Gran Enigma no se puede concebir a no ser que vuelvas la cara hacia otro lado y te pongas a pensar con ese ojo que temes y que es el occipucio, el ojo que usamos para contemplar a la amada en un lugar oscuro y ella tarda en llegar porque viene de muy lejos. Nos ahogamos con el espesor de nuestra lengua cuando decimos "Te quiero", del mismo modo que en los ojos de un niño perdido durante mucho tiempo se advierte la imagen contraída de esta distancia: un niño que se empequeñece en las garras de un animal que surge impetuosamente de las fauces del iris. No somos sino piel tirante sobre un viento con los músculos crispados contra la mortalidad. Dormimos sumidos en un polvo de reproches contra nosotros mismos. Estamos llenos hasta la garganta de los nombres que damos al sufrimiento. La vida, el pasado en el que la noche selecciona y mastica el alimento que nutre nuestra desesperación. La vida, el permiso para conocer a la muerte. Nosotros fuimos creados a fin de que la Tierra pudiera advertir su sabor inhumano, y el amor, a fin de que el cuerpo sea tan querido que hasta la misma Tierra gima con él. Sí; nosotros que estamos ahítos de sufrimiento hasta la garganta, deberíamos mirar bien en derredor, dudando de todo lo que se ve, se hace o se dice, precisamente porque tenemos una palabra para ello y no para su alquimia.

»Para pensar en la bellota hay que convertirse en árbol, y el árbol de la noche es el más duro de escalar, el más árido, el de ramas más inhóspitas, el más áspero al tacto, y exuda una resina y gotea un caucho en la palma con el que nosotros no contábamos. Los gurús que, como ya debes de saber, son maestros indios, te aconsejan que contemples la bellota durante diez años seguidos y, si en este tiempo no has averiguado algo más de ella, es que no eres muy listo, y ésta es la única enseñanza que sacarás, lo cual es una conclusión bastante triste para un final de carrera, porque nadie puede descubrir una verdad mayor que lo que su riñón tolere. Y yo, el doctor Matthew Poderoso O'Connor, te aconsejo que pienses en la noche durante todo el día y en el día durante toda la noche, si no quieres que, en un momento de distracción, se te eche encima como una máquina, arremetiendo contra tu pecho y frenando sus ruedas con tu corazón, a no ser que le hayas abierto camino.

»Los franceses dan un rodeo por la obscenidad. ¡Ah, la buena guarrería! Pero tú eres de una raza limpia, un pueblo excesivamente dado al lavado, y esto no os deja salida. La lucha de la fiera marca una senda a la fiera. Pero vosotros os laváis las huellas de la lucha con cada pensamiento, con cada gesto, con cada emoliente y *savon* imaginable, y luego esperáis encontrar el camino. El francés hace navegable una hora con un mechón de pelo, una *bretelle* arrancada, una cama revuelta. La lágrima del vino permanece en su copa para recoger la suma de su aflicción; sus *cantiques* cabalgan sobre dos lomos: la noche y el día.

—Pero, ¿qué puedo hacer yo? —dijo ella.

—Ser como el francés, que por la noche echa un *sou* al cepillo de los pobres, para tener una moneda para sus necesidades matutinas. Él puede regresar siguiendo el rastro de su sedimento, vegetal y animal, y así respirar el aroma del vino en sus dos recorridos, a la ida y a la vuelta, condensado bajo un aire que no ha cambiado durante toda la operación.

»¿Y qué hace el americano? Separa el día y la noche por miedo a la indignidad, y así el misterio queda cortado por todos los nervios, el dibujo se enmaraña por la *charter mortalis* y ahí tienes el crimen. La campana de la sorpresa empieza a tocar a rebato en el estómago, el pelo ondea hacia arriba, tiran de ti hacia atrás por la coronilla y te quedas enseñando la tripa temblorosa de la conciencia.

»Los huesos sólo duelen cuando tienen carne encima, aunque la estires hasta dejarla más fina que la sien de una enferma, aún servirá para martirizar y mover el hueso. Así también la noche es una piel que se tensa sobre la cabeza del día, a fin de que el día sufra tormento. No encontraremos consuelo hasta que la noche se diluya, hasta que la furia de la noche extinga su fuego.

—Entonces —dijo Nora—, eso quiere decir que yo nunca podré comprenderla, que siempre estaré tan atormentada como ahora.

—¡Escucha! ¿Es que a la luz del sol las cosas son iguales que en la oscuridad? ¿Son la mano, la cara, el pie, la misma cara, la misma mano y el mismo pie? Porque ahora la mano está en sombras, sus encantos y sus defectos están difuminados. El ala del sombrero hiende el pómulo con un cuchillo de sombra y ahora tienes media cara que imaginar. Una hoja de sombra ha caído bajo la barbilla y se te han agrandado las órbitas. Hasta los mismos ojos han cambiado de color. Incluso la cabeza de tu madre por la que juraste en el banquillo de los acusados es ahora una cabeza más pesada, coronada de majestuosa cabellera.

»¿Y el sueño de los animales, el gran sueño de los elefantes y el sueño fino y tenue del pájaro?

—No puedo resistirlo —dijo Nora—. No sé cómo... Estoy asustada. ¿Qué pasa? ¿Qué fuerza hay en ella que pueda hacer esto?

—¡Oh, por Dios! —dijo el doctor—. Dame las sales. —Ella se levantó y buscó en el revoltijo del tocador. Él inhaló hundiendo la cabeza en la almohada y dijo—: Fíjate en la Historia de noche. Di, ¿lo has pensado alguna vez? ¿Fue de noche cuando Sodoma se convirtió en Gomorra? ¡De noche fue, lo juro! Una ciudad entregada a las sombras y por eso hasta hoy no ha podido refrendarse ni comprenderse. Espera un momento, luego volveré sobre eso. Roma ardió toda la noche. Imagínatelo a mediodía y pierde todo su ancestral significado, ¿no? ¿Y por qué? Porque durante todos estos años ha existido para el ojo de la mente sobre un cielo negro. Incendia Roma en sueños y podrás aprehender la verdadera dimensión de la calamidad. Porque sólo los sueños tienen el pigmento de la realidad. El hombre que ha de prescindir del color no encontrará el color que le conviene o, si lo encuentra, será para otro furor. Roma fue el huevo pero el color, el germen.

—Sí —dijo Nora.

—Los muertos han cometido una parte del mal de la noche; el sueño y el amor, la otra. ¿De qué no es responsable el durmiente? ¿Qué diálogo mantiene y con quién? Él se acuesta con su Nelly y se duerme en brazos de su Gretchen. A su cama acuden miles sin haber sido llamadas. Pero, ¿cómo va uno a distinguir la verdad si no está nunca entre los presentes? Muchachas que el durmiente no se cree con derecho a desear abren las piernas en torno a él, a las órdenes de Morfeo. Tan habituado está a dormir que, con los años y la costumbre, incluso el sueño que devora sus fronteras se sosiega y en ese banquete las voces se mezclan y discuten sin arrebato. El durmiente es dueño de una tierra desconocida. Él, en la oscuridad, se dedica a otros menesteres y nosotros, sus compañeros, los que vamos a la ópera, los que escuchamos las habladurías del café, los que paseamos por los bulevares o nos mantenemos al margen no podemos permitirnos comprar ni un palmo de esa tierra, ni aun pagándola con sangre no tiene lindes ni caja registradora. El que está de pie contemplando al que duerme conoce el miedo horizontal, el miedo insoportable. Porque sólo en sentido perpendicular puede enfrentarse con su destino el ser humano. No fue creado para conocer ese otro ni fue advertido de su conspiración.

»Trituras el hígado de un pato y obtienes *pâté*; golpeas el músculo cardíaco de un hombre y obtienes un filósofo.

—¿Y eso tengo yo que aprender? —preguntó ella amargamente.

El doctor la miró.

—Lo que destroza el corazón del enamorado es la noche en la que se sume aquella a quien ama; él la despierta y sólo se encuentra cara a cara con la hiena de su sonrisa cuando ella deja aquella compañía.

»Mientras duerme, ¿no abre la pierna para una guarnición desconocida? ¿O en un momento que sólo ocupa un segundo nos asesina con el hacha? ¿O se come nuestra oreja en un pastel? ¿O nos aparta empujándonos con el dorso de la mano, mientras navega rumbo al puerto en un barco lleno de marineros y estudiantes de medicina? ¿Y qué hay de nuestro propio sueño? No vamos nosotros a él con mejor disposición y la engañamos con la virtud de nuestros días. Nosotros observamos la continencia durante mucho tiempo, pero en cuanto nuestra cabeza se hunde en la almohada y nuestros ojos dejan el día, acude una legión de juerguistas, dando y recibiendo. Nosotros despertamos de nuestras fechorías bañados en sudor, porque han sucedido en una casa sin señas, en una calle que no es de ninguna ciudad, poblada por unas gentes que no tienen nombre por el que podamos negarlas. Su misma falta de identidad las convierte en nosotros mismos, porque, mediante el nombre de una calle, el número de una casa, un nombre, dejamos de acusarnos a nosotros mismos. El sueño exige de nosotros una inmunidad culpable. No hay ni uno solo de nosotros que, provisto de un incógnito eterno, sin una huella dactilar que cotejar con nuestra alma, no cometiera violación, asesinato y todas las abominaciones. Porque, si de su culo volaran palomas o de sus orejas brotaran castillos, el hombre sentiría la inquietud de saber cuál era su destino, si casa, pájaro o ser humano. Posiblemente que sólo el que durmiera tres generaciones podría salir indemne de este aniquilamiento despoblado. —El doctor se volvió pesadamente en la cama.

»Por el peso del sueño que gravita sobre el durmiente, nosotros "perdonamos", como perdonamos a los muertos por la acumulación de tierra que tienen encima. Lo que no se ve, nos dicen, no duele. Sin embargo, la noche y el sueño nos hostigan, porque la sospecha es el sueño más pesado y el horror, la tralla. El corazón del celoso conoce el mejor y más grato amor, el de la cama del otro, donde el rival perfecciona las imperfecciones del enamorado. La fantasía galopa a participar en ese duelo, libre de la obligación de las reglas de este juego invisible.

»Nosotros volvemos los ojos a Oriente, en busca de una sabiduría que no utilizaremos, y al durmiente en busca de un secreto que no encontraremos. Por eso yo digo, ¿qué hay de la noche, la noche terrible? La noche es la alacena en la que tu enamorada guarda su corazón, ella es el ave nocturna que picotea su espíritu y el tuyo, dejando caer entre ella y tú la horrible enajenación de sus entrañas. El goteo de tus lágrimas es su pulso implacable. Las criaturas de la noche no entierran a sus muertos, te los ponen al cuello, a ti, su enamorada que vela, de tu cuello los cuelgan, despojados de la corteza de sus gestos. Y donde tú vayas irá contigo, tú, viva, con la muerta de ella que no quiere morir; hacia la luz, hacia la vida, hacia el dolor, hasta que las dos seáis carroña.

»¡Espera! Ya llego a la noche de las noches, a la noche de la que quieres saber más que de ninguna otra, porque incluso la mayor de las generalidades tiene una pequeña particularidad. ¿Nunca reparaste en ello? Por todo valor se exige un alto precio, porque, en sí, todo valor es renunciamiento. Nosotros nos lavamos de nuestro sentido de culpabilidad. ¿Y qué es lo que el baño nos depara? Un pecado limpio y reluciente. ¿En qué se baña un latino? En el puro polvo. Nosotros cometimos el error garrafal, nosotros usamos agua y por eso recordamos con crudeza. Un europeo se levanta de la cama con un desorden que le permite mantener el equilibrio. Las razones de su acto pueden seguirse capa tras capa y, al fin, descubrimos cómo se arrastra la babosa. *L'Écho de Paris* y las sábanas de su cama salieron de la misma prensa. En uno y en las otras puede uno leer los afanes que ha costado a la vida: él posee el ingenio esencial necesario para la "venta" de ambas ediciones, la de la noche y la del día.

»¡A cada raza, su forma de lucha! Algunas tumban a la fiera del otro lado, con el hedor del excremento, la sangre y las flores, los tres aceites esenciales de su peripecia. El hombre hace su historia con una mano y la "mantiene a raya" con la otra.

»Oh, Dios mío, estoy cansado de este discurso. Los franceses son desaliñados y sabios; el americano trata de afrontarlo con la bebida. Es la única clave de sí mismo. La esgrime cuando el jabón lo ha dejado tan limpio que no hay quien lo reconozca. El anglosajón ha cometido un error garrafal; a fuerza de agua, ha dejado la página en blanco. El sufrimiento le consume durante el día y el sueño, durante la noche. Sus afanes por la labor del día han hecho insoluble su sueño.

Nora se levantó y volvió a sentarse.

—Entonces, ¿cómo lo soporta? —preguntó—. ¿Cómo puede vivir si esta sabiduría suya no es sólo la verdad sino también su precio?

—Oh, hechicera nocturna que gime en el zarzal, roya del grano, mildiu del maíz —dijo el doctor—. Pido perdón por mi canto y por mi voz, los cuales eran mejores hasta que, en la guerra, di mi riñón izquierdo a Francia, y he recorrido medio mundo bebiendo y maldiciéndola por habérmelo arrancado. Si las cosas se hicieran dos veces, a pesar de que es un gran país, yo sería la muchacha que acecha en la retaguardia o que se mezcla con la gente de la montaña, todo ello para descansar un poco de mi conocimiento al que en seguida vuelvo. Estoy llegando a lo que importa. *Misericordia*, ¿acaso no soy chica que sabe de lo que está hablando? Nosotros vamos a nuestras casas llevados por nuestra naturaleza, y nuestra naturaleza, sea la que sea, tenemos que soportarla todos. En cuanto a mí, así me hizo Dios, mi casa es la puerta del urinario. ¿Tengo yo la culpa si ya me han llamado otras veces y ésta es mi última y más peregrina llamada? Tal vez antes fui una muchacha de Marsella que batía el puerto con un marinero y quizá sea ese recuerdo lo que me persigue. Dicen los sabios que el recuerdo que conservamos de las cosas pasadas es todo cuanto tenemos para el futuro, y ¿tengo yo la culpa si esta vez he salido de modo distinto a como debería, cuando lo que yo quería era ser una soprano ligera con unos rizos color de trigo que me cayeran hasta las posaderas con un vientre tan duro como la tetera del rey y un busto tan alto como el bauprés de una barca de pesca? Y tener que conformarme con una cara que parece el culo de un niño viejo, ¿te parece que es una dicha?

»¡Jehová, Sabaoth, Elohim, Eloi, Helion, Jodhevá, Shaddai! ¡Que Dios nos permita morir a nuestra manera! Yo frecuento los urinarios con la misma naturalidad con que la pastora de Irlanda apacienta sus vacas en la ribera del Dee... y por los trasgos del infierno, que he visto idéntico afán obrar en una muchacha. ¡Pero después hablaremos de eso! Yo he malbaratado mi destino por exceso de locuacidad, como el noventa por ciento de la gente, porque, haga lo que haga, lo que ansío desde el fondo de mi corazón es unos niños y una labor de media. ¡Dios mío, yo nunca pedí más que poder guisar patatas para un buen hombre y darle un hijo cada nueve meses! ¿Es culpa mía que mi único hogar sea el meadero? ¿Y que no pueda colgar la bufanda, los guantes y mi paraguas de Bannybrook en algo mejor que una mampara metálica que me llega hasta los ojos, y que tenga que ser valiente, caiga quien caiga, para que no se me corra el rimmel? ¿Imaginas que esos quioscos redondos no me han acarreado grandes discusiones? ¿Has mirado alguna vez a alguno de noche cerrada y te has fijado en lo que parece, con su única caperuza y sus cien patas? Un ciempiés. Y miras al suelo y eliges tus pies, y diez contra uno que encontrarás a un pajarillo de ala ligera o un pato viejo de rodilla de madera, o algo que lleva años viviendo en el desconsuelo. ¿Qué te parece? Yo he discutido con otros en largas mesas durante toda la noche sobre los méritos particulares de tal o cual barrio para estas cosas, de un quiosco sobre otro quiosco. ¿Imaginas que estaban de acuerdo conmigo o que alguien coincidía con alguien? Había tantas discrepancias como las que se hubieran producido para elegir un nuevo orden de gobierno. Jed decía que si el Norte y Jod que si el Sur, y yo, sentado entre los dos, me ponía furioso, porque para algo soy médico y coleccionista y sé latín, y soy una especie de murciélago del crepúsculo y un fisonomista al que no desconcierta un rasgo que desentone en la cara justa, y yo decía que la mejor puerta estaba en la Place de la Bastille, y ellos se me echaron encima, cada uno apostando por un *arrondissement* distinto, hasta que empecé a dar palmadas como la buena mujer de la canción que vivía en un zapato, y pedí silencio a voces y golpeé la mesa, por brujería, con un gran *formidable* y vociferé: «Alguno de vosotros sabe algo acerca de la presión atmosférica y el nivel del mar? ¡Bien! Pues el nivel del mar y la presión atmosférica y la topografía determinan una gran diferencia.» Se me quebró la voz al decir «diferencia» en un agudo divino, y dije: «Si os habéis creído que hay cosas que no proclaman de qué distrito proceden, incluso con, apurando, hasta el *arrondissement* es que no buscáis una especie determinada y os conformáis con cualquier pieza, y yo no quiero nada con vosotros. Yo no hablo de cosas importantes con gente tan superficial.» Entonces pedí otra copa y me quedé sentado con la cabeza bien alta. «Pero —dijo otro— tienes que juzgar por la cara.» «¡La cara! —exclamé—. La cara, para los necios. Si pescas por la cara pescarás disgustos, claro que en el mar también hay otros peces. ¡La cara es lo que los pescadores capturan durante el día, pero el mar es la noche!»

Nora volvió la cara.

—¿Qué voy a hacer?

—¡Ah, la gran incógnita! —dijo el doctor—. ¿Has pensado en todas las puertas que se han cerrado por la noche y que han vuelto a abrirse? ¿En todas las mujeres que han mirado aquí y allá con lámparas como tú deslizándose sobre pies ligeros, andando como mil ratones por aquí y por allá, ora de prisa, ora despacio, unas parándose detrás de las puertas, otras tratando de encontrar las escaleras, todas buscando o dejando su cebo, en una rendija, en un sofá, en el suelo, detrás de un armario; y en todas las ventanas grandes y pequeñas desde las que el amor y el miedo han atisbado relucientes y con lágrimas? Pon esas ventanas una al lado de la otra y la vidriera daría la vuelta al mundo. Reúne esos mil ojos en uno solo y taladrarías la noche con el gran foco ciego del corazón.

A Nora empezaban a correrle las lágrimas por la cara.

—Y conoceré yo a mis sodomitas —dijo el doctor tristemente—. Y lo que tiene que sufrir el corazón si se enamora de uno de ellos, sobre todo si el que se enamora de ellos es mujer. Lo que ellas descubren entonces es que este amante ha cometido el error imperdonable de no ser capaz de existir, y se encuentran con un muñeco en los brazos. El último asalto de Dios, boxeando con una sombra, para que el corazón pueda ser asesinado y arrastrado a ese lugar tranquilo y silencioso en el que pueda pararse y decir: «Una vez fui, ahora puedo descansar.»

»Bueno, pero eso todavía no es más que una parte de la historia —dijo tratando de cortar el llanto de Nora— y aunque la gente normal te dirá que a oscuras todos son iguales, negros y blancos, yo digo que puedes distinguirlos, y puedes adivinar de dónde vienen y qué barrio frecuentan por el tamaño y la calidad, y en la Bastille, y yo sé lo que me digo, los encuentras tan magníficos como las mortadelas expuestas sobre la mesa.

»Tu *gourmet* sabe, por ejemplo, en qué aguas fue capturado su pescado, conoce la zona, la región y a qué año debe su vino, distingue una trufa de otra y si es raíz de Bretaña o viene del Norte. Y ahora ustedes, señores, me dicen que la región no importa. ¿Es que aquí no hay nadie más que yo que sepa lo que se dice? ¿Y tengo yo acaso, como los escritores precavidos, que defenderme de las conclusiones de mis lectores?

»¿No he cerrado yo mis ojos con el postigo extra de la noche y extendido la mano? Y lo mismo vale para las muchachas —dijo—. Las que hacen noche del día, las jóvenes, las drogadictas, las disolutas, las borrachas y ésa, la más triste, la amante que vela toda la noche, temerosa y angustiada. Éstas nunca más podrán vivir la vida del día. Si las encuentras a mediodía, exhalan como una emanación protectora, un algo oscuro y desvaído. La luz ya no las favorece. Empiezan a tener un aspecto indefinido. Es como si estuvieran castigadas constantemente por los golpes de un adversario invisible. Adquieren una expresión «recalcitrante»: envejecen sin compensación, son como el pájaro viudo que suspira en el torno del cielo: «¡Aleluya! ¡Estoy clavado! *Skoll! Skoll!* ¡Me muero!»

»O pasea por la habitación retorciéndose las manos; o yace en el suelo, de bruces, con ese terrible anhelo del cuerpo que, en su dolor, ansía incrustarse en la tierra, perderse más allá de la tumba, anulado, borrado, sin que quede en el pavimento ni una leve huella dolorida que pudiera ser conjurada de nuevo a la nada sin objeto, retrocediendo a través del blanco, trayendo consigo el punto del impacto...

—¡Sí! —dijo Nora.

—Busca también a las muchachas en los aseos por la noche y las encontrarás arrodilladas en ese gran confesonario secreto, gritando hipócritamente el terrible anatema:

»"¡Así seas condenada al infierno! ¡Así mueras de pie! ¡Así seas condenada de abajo arriba! ¡Maldito sea este punto maldito y terrible! ¡Así se pudra en sonrisa de calavera y esa boca baja se repliegue en una mueca vacía de la ingle! ¡Que éste sea tu tormento y tu condena! Dios me condenó a mí antes que a ti y como yo serás condenada, una de rodillas y la otra de pie hasta que desaparezcamos. Porque, ¿qué sabes de mí, carne de hombre? Yo soy un ángel a gatas, con los pies de un niño detrás de mí, buscando a mi gente que no ha sido creada, descendiendo con la cara por delante, bebiendo las aguas de la noche en el abrevadero de los condenados, y entro en las aguas hasta el corazón, aguas terribles. ¿Qué sabes de mí? ¡Así te alejes de mí, condenada! ¡Condenada y traidora!"

»Ahí tienes una buena maldición —dijo él—. Y yo la he oído.

—¡Oh, no! —dijo Nora—. No, no.

—Pero, si piensas que eso es todo lo que puede decirse de la noche, estás loca —prosiguió—. ¡Mozo, trae la pala! ¿Soy yo el san Juan Crisóstomo Pico de Oro, el griego que dijo lo de la otra mejilla? No; yo soy un pedo en un vendaval, una humilde violeta debajo de una plasta de vaca. Pero —agregó con pesar— incluso el mal acaba un día en nosotros. Los errores pueden hacerte inmortal. Una mujer pasó a la Historia por haber aguantado todo *Parsifal* hasta el punto en el que se da muerte al cisne y entonces exclamó: «¡Santo Dios, han matado al Santo Grial!» Pero no todo el mundo es tan bueno; tú guardas para la vejez, Nora, hija mía, la debilidad suficiente para olvidar las pasiones de tu juventud, pasiones que tardaste años en robustecer. Piensa también en eso. En cuanto a mí, yo por la noche me arrebujo bien, satisfecho de ser mi propio charlatán. Yo, el Lirio de Killarney, compongo una nueva canción con lágrimas y con celos, porque he leído que Juan era su predilecto cuando tenía que haberlo sido yo, preste Mateo. La canción se titula «Madre, guarda la rueca que esta noche no pueda hilar» o «Para mí, todo el mundo es una especie de hijo-de-puta», con acompañamiento de dos armónicas y acordeón o, si no la hubiere, arpa judía y que Dios nos valga. Yo no soy más que un niño con los ojos muy abiertos.

—Matthew —dijo Nora—, ¿qué va a ser de ella? Eso es lo que quiero saber.

—Para nuestros amigos, morimos todos los días —contestó él—. Pero para nosotros sólo morimos al final. Nosotros no conocemos la muerte ni sabemos cuántas veces ha tanteado nuestro espíritu más vital. Cuando estamos en el salón, ella visita la despensa. Dice Montaigne que para dar muerte a un hombre se necesita una luz clara y brillante, pero él se refería a la conciencia respecto de otros hombres. Pero, ¿y nuestra muerte? Nosotros culpamos a la noche, porque en ella morimos solos. Donne dice: «Nosotros somos concebidos en cárcel estrecha, en el claustro materno estamos todos prisioneros. Cuando nacemos, nacemos tan sólo a la libertad de la casa, toda nuestra vida no es sino el camino hasta el lugar de la ejecución y la muerte. Ahora dime, ¿se sabe de alguien que se haya dormido en la carreta mientras era conducido de Newgate a Tyburn, alguien duerme entre la cárcel y el patíbulo?» Pero él dice también: «Los hombres duermen toda la vida.» ¡Cuanto más no ha de asaltarles el sueño cuando caminan en la oscuridad!

—Sí —dijo ella—; pero...

—¡Un momento! Por más que tarde en llegar, yo me dirijo a una noche determinada, una negra noche de otoño, esa noche de la que tú quieres saber, porque yo soy pescador de hombres y mi cara brinca sobre todas las aguas, para pescar lo que pueda. Mi relato tiene un hilo conductor, pero te costará trabajo descubrirlo.

»La pena nos rasguea en las costillas y nadie debería meter la mano en nada; la vía directa no existe. El feto de la simetría se nutre de contradicciones, ahí radica su maravillosa infelicidad... Y ya hemos llegado a Jenny. ¡Oh, Señor, ¿por qué las mujeres tienen sangre de perdiz y son tan dadas a complicarlo todo?! Los lugares que Jenny frecuenta son su única distinción, es una cristiana errante. Sonríe con la sonrisa amplia del que se insulta a sí mismo, que se irradia a la cara partiendo de una anomalía central localizada, la personificación de la "ladrona". Siente pasión por la propiedad ajena pero no bien la posee la propiedad pierde parte de su valor, porque es la estima del poseedor lo que le da valor. Y ella fue la que te robó a tu Robin.

—¿Cómo es ella? —preguntó Nora.

—Verás —dijo el doctor—, yo siempre creí que era la criatura más cómica de la faz de la Tierra, hasta que vi a Jenny, bufón de comedia desmedrado, presuroso y deteriorado, con cara de careta y un olor como de nido de ratones. Es una «urraca», siempre nerviosa. Yo juraría que hasta cuando duerme mueve los pies y contrae y dilata los orificios de su cuerpo como el iris de un ojo suspicaz. Dice del prójimo que le ha arrebatado su «fe» en él, como si la fe fuera un objeto transportable. Durante toda su vida ha cultivado el sentimiento de la «sustracción». Si fuera soldado, definiría la derrota con esta frase: «El enemigo se ha llevado la guerra.» Puesto que, en cierto modo, se siente disminuida, se empeña en hacer acopio de destino, y para ella el único destino es el amor, el amor de cualquiera, o sea, el suyo. De manera que sólo el amor ajeno es su amor. Cantó el gallo y ella fue puesta, su presente es siempre el pasado de otro, vuelto del revés y colgando.

»Sin embargo, todo lo que roba lo conserva mediante la incomparable fascinación de la maduración y la descomposición. Ella posee la fuerza de un accidente incompleto: uno espera siempre verlo terminar, descubrir la última impureza que lo redondee; ella nació en el punto de la muerte, pero, desgraciadamente, no rejuvenece con la edad, lo cual es un grave error de la Naturaleza. ¡Cuánto más pulcro habría sido nacer viejos e ir hasta la niñez con el paso de los años, para terminar no al borde de la tumba sino del seno materno; ser amamantados al terminar el ciclo de vida para introducirnos en el vientre materno en lugar de tener que dirigir nuestros pasos vacilantes hacia el polvo de la muerte, y encontrar una senda húmeda y carnosa! ¡Y lo cómico que sería ver cómo, al final de la jornada, nos encaminamos hacia nuestra guarida respectiva, mientras las mujeres, temblando de terror, no se atreverían a poner el pie en la calle!

»Pero, poco a poco, voy llegando a la narración de la noche que hace que todas las demás noches parezcan relativamente decentes, la noche en que, ataviada con mitones de encaje mostrando los bajos de unos pololos, que por cierto habían caído en desuso tres madres atrás, Jenny Petherbridge, que así se llama, por si te interesa —puntualizó con una sonrisa—, envuelta en un mantón de Manila de fantasía madrileña... en realidad, el atuendo vino después, pero no importa, se presentó en la ópera a primeros de otoño, creo que daban *Rigoletto,* y no me equivoco, paseando por la galería y registrando con la mirada los alrededores, en busca de problemas, por más que después jurara que nada más lejos de su imaginación, y allí descubrió a Robin, sentada en un palco, mientras yo paseaba arriba y abajo, hablando solo en el mejor francés de la Comédie Française, tratando de mantenerme al margen de algo que sabía que iba a traer disgustos para toda una generación y deseando estar escuchando el ciclo de Schumann, cuando, con siseo de sedas, aparece la marrana de esa especie de conde danés. Mi corazón sangra por todas las pobres criaturas fachendosas que luego no tienen un triste orinal donde mear ni una ventana por donde echarlo, y me puse a pensar, y no sé por qué, en todos los jardines cerrados del mundo, en los que la gente puede elevar sus pensamientos a gran altura por lo angosto del lugar, y lo hermoso, y en los anchos campos en los que el corazón puede expansionarse y diluir su vulgaridad, por eso yo como ensalada, y pensaba que todos deberíamos tener un lugar en el que depositar nuestras flores, como yo que una vez, siendo joven, me agencié una *corbeille* de orquídeas pero, ¿me las quedé? No te impacientes, que ya vuelvo. No; me quedé sentado mientras tomaba el té, diciendo: "Sois muy hermosas y hacéis un gran honor a mi armario, pero hay un lugar mejor que os espera...", y las tomé de la mano y las llevé a la iglesia católica y dije: "Dios es aquello que nosotros hacemos de Él, y no parece que la vida vaya a mejor", y salí de puntillas.

»Recorrí la galería por tercera vez, y yo sabía que, a pesar de no ser hindú, había descubierto qué era lo que andaba mal en el mundo, y dije que el mundo es como esa pobre lagarta triste de Jenny, que nunca sabe por dónde ponerse los mitones, picoteando aquí y allá como una urraca recelosa, hasta que aquella noche especial la invitó a un banquete (en el que desde entonces ha estado sentada, atónita), y Robin, la durmiente atribulada, con su cara de asombro. Aquello era más de lo que un chico como yo (que soy la última mujer sobre la tierra, aunque mujer barbuda, desde luego) podía soportar, y empecé a echar espuma de desesperación al contemplarlas, pensando en ti, y en cómo al final todas sucumbiríais enredadas unas con otras, como esos pobres animales que entrelazan los cuernos y luego aparecen muertos, enzarzados, con las cabezas aplastadas y un conocimiento el uno del otro que no habían deseado, después de haber tenido que contemplarse, cabeza con cabeza y ojo con ojo, hasta morir; bien, así estaréis, tú y Jenny y Robin. Tú, que hubieras debido tener mil hijos, y Robin que hubiera tenido que ser todos ellos; y Jenny, el pájaro que roba la avena del guano del amor, y entonces me volví loco, porque yo soy así. ¡Vaya una autopsia la que yo depararé, con todo lo que llevo en el intestino! Un riñón y un trozo de herradura perdidos en el circo romano; un hígado y un aliento exhaustos, una bilis y una colección de tarascas de Milán, y mi corazón que todavía llorará cuando se enfríen mis ojos, para no hablar de la nostalgia de Cellini en mi osamenta, por todo lo que debió de sufrir cuando descubrió que no podría estar perorando siempre: cuesta mucho divulgar el nombre de la belleza. Y el forro de mi vientre, sembrado de los rizos que he cortado aquí y allá, nido de pájaro en el que poner mis huevos perdidos, y mi gente, buenos donde los haya y desde que los hay, transitando por el triste camino que va del "No sabemos" hasta el "No imaginamos por qué".

»Bien, pensé en ti, todo lo más una mujer, y ¿sabes qué quiere decir eso? Por la mañana, no mucho, atenazada en las bridas del dolor. Y entonces volví los ojos hacia Jenny que miraba en derredor buscando brega, porque ella estaba entonces en ese punto crítico de la vida que ella sabía era su último momento. ¿Y hay que ser médico para saber que ésa es una hora mala y extraña para una mujer? Si todas las mujeres la pasaran al mismo tiempo, podrías exterminarlas en bloque, como una plaga de escorpiones; pero les da una a una y es un nunca acabar, y se sumen de cabeza en ese estado solas. Para los hombres de mi clase no es tan malo; yo nunca pedí más que poder ver a mi personaje de cabo a rabo, no importa lo decaído que esté. Pero para una mujer como Jenny, la pobre perra despeluzada, en fin, bien sabe Dios que lo sentí por ella, porque entonces descubría la clase de mujer que era, una mujer que había pasado la vida revolviendo fotografías del pasado, buscando a la sirena que apareciera apoyada de lado, con una mirada como si los ángeles le subieran por la cadera, un gran amor que podía muy bien no tener cara pero que debía estar provisto de buena anca, recostada en paño de terciopelo escocés, con un pedestal recubierto de hiedra a la izquierda, un cuchillo en la bota y la ingle abultada como si ahí guardara el corazón. O rebuscando en viejos libros la pasión que fuera toda abnegación y tuberculosis, con flores en el pecho. Así era Jenny. De manera que ya puedes imaginar cómo temblaba al verse camino de los cincuenta, sin haber hecho nada que pudiera poner en su epitafio ni tener nada en su pasado que justificara el que pusieran su nombre a una flor. La vi adelantarse, andando con pie ligero, temblona, mirando a Robin y diciéndome (yo la conocía, si puedes decir que conoces a una mujer por haberle palpado el riñón): "¿Nos presenta?" Y las rodillas me temblaban, y sentía en el corazón un peso como si encima se me hubiera sentado el buey de Adán, porque tú eres amiga mía, y una buena persona, bien lo sabe Dios, incapaz de poner fin a nada, porque te pueden derribar, pero tú seguirás arrastrándote siempre, mientras sirva de algo. De modo que dije: "¿Por qué no, maldita sea?" Y las presenté, como si Robin no hubiera conocido ya a bastante gente, sin mi ayuda.

—Sí —dijo ella—. Conocía a todo el mundo.

—En fin —continuó él—. El teatro empezaba a vaciarse. La gente bajaba las escaleras hablando de la Diva (a la fuerza tiene que haber algo malo en un arte que hace a una mujer toda busto), comentando cómo había dado el do de pecho, y todo el mundo mirando por el rabillo del ojo para ver cómo iban vestidos los demás, y algunas abriéndose la capa para hacer que a los hombres se les despertara la bestia y les atenazara el cuello... sin sospechar que era yo, con mis dos hombros bien cubiertos, el que hacía congestionarse las venas de las sienes de sus acompañantes... caminando todos muy dignos y solemnes, mientras a mí se me revolvía el estómago al pensar en ti, y Robin sonreía con la boca torcida como el gato que tiene que justificar unas plumas de canario, y Jenny brincaba a su lado, tan presurosa que se adelantaba y luego tenía que retroceder, dando gritos de presunción y diciendo con voz quejumbrosa: "Tienen que venir a cenar a casa."

»Y, Dios me asista, fui. Porque, ¿quién es el que no traiciona a un amigo o se traiciona a sí mismo por un whisky con soda, caviar y un buen fuego? Y esto me lleva al paseo que dimos después. Como dijo Antonio hace tiempo: "¿Tuviste una buena noche?", y Claudio respondió: "Sí, pardiez. Y una buena mañana; porque a eso de las ocho del día siguiente, ¡zas!, todos andaban de hinojos, besándose y quemando muebles, bebieron a mi salud, rompieron las copas y así se despidieron." Así lo dijo Cibber y yo lo digo en palabras de Taylor: "¿Acaso Periandro no creyó oportuno yacer con Melisa, su mujer, después de que ella subiera al cielo?" ¿No es éste trabajo nocturno de otro orden pero nocturno al cabo? Y en otro lugar, como dice Montaigne: "No parece ser un amor lunático el de la Luna que, al no poder de otro modo gozar de Endimión, su amado, lo durmiera durante meses para gozar del que no se conmovía sino en sueños."

»Bien, después de recoger por el camino a una niña, sobrina de alguien que conocía Jenny, nos fuimos todos en coche por los Champs Elysées. Cruzamos rápidamente por el Pont Neuf y torcimos por la rue du Cherche-Midi, ¡que Dios nos perdone!, donde tú, frágil barquichuela del amor, velabas preguntándote dónde... mientras Jenny cometía ese acto tan vil y abominable como el cometido por Catalina de Rusia, y no me digas que no, que confundió el trono del viejo Poniatovsky con un inodoro. Y de pronto yo me alegré de ser tan simple y de no ambicionar nada de este mundo que no pueda conseguirse por cinco francos. Y no envidié a Jenny nada de lo que tenía en su casa, aunque reconozco que le había echado el ojo a un par de libros que le hubiera escamoteado, de no estar encuadernados en piel. Y es que yo no tendría inconveniente en robar la mente de Petronio, desde luego, pero nunca la piel de un becerro. Por lo demás, la casa estaba llena de lo peor en lo que podía uno gastarse la herencia. Y yo, en la feria, había tenido una suerte fenomenal y, tirando una hilera de orinales y haciendo girar con buena mano una docena de ruedas de la fortuna, pude proveer mi alacena, porque mientras los demás, por mil francos, no se llevaban más que unos perritos de trapo o unas muñecas de cara trasnochada, ¿qué dirás que yo conseguí por menos de cinco? Una excelente sartén con sitio para media docena de huevos y una serie de utensilios menores de los que siempre hacen falta en la cocina. De modo que yo contemplaba las posesiones de Jenny con desdén. Tal vez todo aquello fuera muy "original" o "extraordinario"; pero ¿para qué quiere uno una uña de pie más gruesa de lo normal? Y este pensamiento me vino al contemplar esa vena loca de lo estrafalario que discurre a través de la Creación, como aquella amiga mía que se casó con una especie de pájaro del Adriático con unas uñas tan gruesas que tenía que arreglárselas con una lima de caballo. ¡En fin, tengo una mente tan rica que siempre divaga! Ahora he recordado a aquel mozo de cuadra que entró en mi vida usando un alzacuellos al que tenía tanto derecho como yo. Bien, los coches se detuvieron con sus lindos jamelgos y Robin saltó del estribo la primera y Jenny se fue tras ella gritando: "¡Espera! ¡Espera!", como si se dirigiera a un tren expreso que fuera camino de Boston, arrastrando el mantón mientras corría. Y todos volvimos a su casa, porque tenía invitados esperando.

El doctor estaba violento por el rígido silencio de Nora. Prosiguió:

—Yo iba inclinado hacia delante, apoyado en el bastón que sujetaba con las dos manos, cuando nos metimos por debajo de los árboles. Mi coche negro iba seguido por otro coche negro y éste, por otro. Las ruedas giraban. Y yo empecé a decirme: los árboles son buenos, y la hierba es buena, y los animales son buenos, y los pájaros que vuelan por el aire son estupendos. Y todo lo que hacemos es decente cuando la mente empieza a olvidar: es el designio de la vida; y todo es bueno cuando hemos olvidado: es el designio de la muerte. Yo empecé a entristecerme por mi espíritu y por el espíritu de todas las personas que proyectan una sombra mucho más larga que lo que son ellos, y por todas las bestias que caminan solas en la oscuridad; empecé a llorar por todas las bestezuelas que están dentro de su madre, que van a tener que salir y portarse bien, envueltas en la única piel que les durará toda la vida. Y me dije: por ellas yo caería de rodillas, pero no por esta mujer. A ella, ni por orinarle encima aunque la viera arder, dije. Jenny es tan egoísta que no daría ni su mierda a los cuervos. Y entonces pensé: Pobre Nora. Si estuviera muriéndose, de bruces en el suelo, con la cara hundida en unos largos guantes negros, ¿la perdonaría? Comprendí que la perdonaría, como perdonaría a todo el que ofreciera un buen cuadro. Y entonces empecé a mirar a la gente del coche, levantando los ojos cuidadosamente para que no advirtieran nada extraño, y vi a la muchacha inglesa, muy erguida, satisfecha y asustada.

»Y luego miré a la niña, que estaba aterrorizada y huía de algo adulto; la vi allí sentada, muy quieta y, sin embargo, corría; se le notaba en los ojos y en la barbilla, hundida en el pecho, y en los ojos muy abiertos. Y entonces vi a Jenny allí sentada, temblando y dije: "¡Dios mío, no es un buen cuadro!" Y a Robin que se inclinaba hacia delante, mientras le corría la sangre, muy roja, donde Jenny la había arañado, y yo grité pensando: "Algún día, Nora dejará a esta chica; pero aunque las entierren a cada una en un extremo de la Tierra, un mismo perro las encontrará a las dos."

DONDE CAE EL ÁRBOL

El barón Felix, que había renunciado a su cargo en el Banco, aunque no a sus relaciones con él, había sido visto en muchos países, delante de la puerta del palacio de cada país, manteniendo las enguantadas manos ante sí, insinuando un ademán de pleitesía, contemplando monumentos y reliquias con una tensión en la pierna que le hacía dar el paso adelante o atrás antes que cualquier otro turista.

Si antaño había escrito a los periódicos sobre tal o cual noble (sin ver publicadas sus cartas), si había enviado misivas a casas en decadencia, sin recibir respuesta, ahora amasaba un cúmulo de especulaciones religiosas que pensaba enviar al Papa. La razón era que, a medida que pasaba el tiempo, se hacía más evidente que su hijo, si para algo había nacido, era para la decadencia sagrada. El niño era deficiente en lo mental y superdotado en lo emotivo; adepto de la muerte; a los diez años aparentaba seis, usaba gafas, tropezaba al correr, tenía siempre las manos frías y seguía a su padre con cara de ansiedad, temblando de una excitación que era un éxtasis precoz. De la mano de su padre, subía las escaleras de palacios e iglesias, con la flexión de pierna que exigen unas medidas que no han sido calculadas pensando en la infancia; contemplaba cuadros e imágenes de cera observando a los sacerdotes con la respiración rápida de las personas en las que la concentración tiene que ocupar el lugar de la participación, como en la cicatriz de un animal herido se observa el estremecimiento de su recuperación.

La primera vez que Guido habló de su deseo de entrar en la Iglesia, Felix quedó anonadado por la impresión. Él sabía que Guido no era como otros niños, que no se podía razonar con él. Al aceptar a su hijo, el barón comprendió que aceptaba la demolición de su propia vida. Evidentemente, el niño nunca podría cuidar de sí mismo. El barón compró a su hijo una Virgen de metal con una cinta roja y se la colgó del cuello. Aquel cuello fino, al inclinarse para recibir la cinta, le recordó el cuello de Robin, cuando la vio de espaldas a él, en la tienda de antigüedades del Sena.

Por lo tanto, Felix empezó a ocuparse de la Iglesia. Miraba inquisitivamente la cara de cada sacerdote que veía por la calle; leía letanías, contemplaba casullas, repasaba el Credo y se interesaba por el estado de los monasterios. Después de mucho reflexionar, escribió al Papa una larga disquisición sobre el estado de la clerecía. Hacía mención de los frailes franciscanos y de los curas franceses, y señalaba que una religión que, con su profunda unidad, podía producir dos tipos tan dispares —uno, el romano, rapado y esperando, según se advertía al mirar su cara inexpresiva y absorta, nada más glorioso que una resurrección muscular; mientras que el otro, el cura francés, parecía compuesto de hombre y mujer en conjunción con el pecado original, llevando con ellos una porción de bien y de mal en aumento y disminución cuantitativa constante, y ofrecía el triste espectáculo de un ente único venido a una múltiple disolución— forzosamente había de ser en extremo elástica.

Felix preguntaba si ello podía ser producto del diverso talante confesional de uno y otro país. Preguntaba si no debía darse por descontado que el oído italiano tenía que estar menos confundido porque, posiblemente, estaba atento al eco de su pasado, mientras que el francés lo estaba al del futuro. ¿Era concebible que las «confesiones» de una y otra nación pudieran producir en un caso ese coma viviente y expectante y en el otro, esa mundana, increíble, indecente glotonería? Él decía que, personalmente, había sacado la conclusión de que los franceses, más seculares, eran un pueblo muy poroso. Partiendo de esta suposición, era natural que, por tener que escuchar los mil y un pecados mundanos, el sacerdote, al llegar a los cuarenta años, encontrara difícil dar la absolución, pues el penitente optaba a una peculiar clase de perdón; no tanto absolución como exigencia, porque el sacerdote era ya en sí un vaso lleno a rebosar y otorgaba el perdón porque ya no podía contenerse y hacía apresuradamente el signo de la cruz, tenso, como una vejiga llena a reventar y ansioso de soledad. El franciscano, por el contrario, aún podía esperar. No había en su iris la tangente del que, al dar la bendición, busca la expansión.

Felix no recibió respuesta. Ni la esperaba. Él escribió para aclarar sus propias ideas. Él sabía que, con toda probabilidad, el niño nunca sería «llamado». Si lo era, el barón esperaba que ello sucediera en Austria, entre sus compatriotas, y a tal efecto decidió fijar su residencia en Viena.

Pero, antes de partir, fue a ver al doctor. Éste no estaba en su domicilio. El barón, sin saber adónde ir, enderezó sus pasos hacia la plaza. Allí vio venir la pequeña figura vestida de negro. El doctor venía de un entierro y se dirigía al Café de la Mairie du VIe para remontar el ánimo. El barón observó con estupor, durante los segundos que el doctor tardó en descubrirle, que parecía avejentado, más de lo que sus cincuenta y tantos años justificaban. Se movía despacio, como si anduviera por el agua; las rodillas, en las que uno nunca se fijaba puesto que el doctor casi siempre estaba sentado, se le doblaban. Su oscuro mentón se hundía con una melancolía que parecía no tener ni principio ni fin. El barón le llamó e inmediatamente el doctor se despojó de su personalidad oculta, como se esconde precipitadamente una vida secreta. Sonrió, irguió el cuerpo y levantó la mano saludando aunque, como es habitual en las personas a las que se ha pillado desprevenidas, un poco a la defensiva.

—¿Qué es de su vida? —preguntó, parándose a media manzana—. Hace meses que no le veía, y es una lástima —agregó.

El barón sonrió.

—He tenido inquietudes espirituales —dijo, empezando a andar al lado del doctor—. ¿Tiene compromiso para cenar?

—No —dijo el doctor—. Vengo de enterrar a un sujeto excelente. No creo que usted lo conociera, un cabila, un árabe de lo mejor. Tienen sangre romana y pueden palidecer con una fuerte impresión, que es más de lo que puede decirse de la mayoría —agregó, andando un poco de lado, como el que no sabe adónde va el compañero—. Si haces algo por un cabila, por delante o por detrás, él te recompensará con un camello o con un saco de dátiles —suspiró, pasándose la mano por el mentón—. El único que he conocido que me ofreció cinco francos antes de que yo pudiera sacar los míos. Enmarqué el billete con flor de azahar y lo colgué de la estantería.

El barón iba distraído pero sonrió por cortesía. Propuso cenar en el Bois. El doctor se mostró encantado y, ante la buena noticia, esbozó esa serie de ademanes del que recibe una grata sorpresa: alzó ligeramente las manos —sin guantes—, casi palpó el bolsillo del pecho —pañuelo—, se miró los zapatos y se sintió agradecido al entierro: estaban relucientes. En conjunto, estaba bastante presentable. Se tocó la corbata tensando los músculos del cuello.

Mientras el coche avanzaba por el Bois, el doctor repasaba mentalmente lo que podía pedir: pato a la naranja, no. Al cabo de tantos años de comer con bolsillo de pobre, sus hábitos se reducían a platos sencillos, al ajo. Se estremeció. Tenía que pensar en algo diferente. Lo único que se le ocurría era café y Grand Marnier, calentando la gran copa en la palma de la mano, como sus paisanos se calentaban con el fuego de turba. «¿Sí?», dijo al advertir que el barón estaba hablando. El doctor levantó la barbilla al aire de la noche y escuchó con intensa atención, a fin de poder reconstruir la frase completa.

—Es extraño, pero a la baronesa nunca la había visto a esta luz —decía el barón cruzando las piernas—. Si tratara de expresarlo con palabras, me refiero a cómo la veía en realidad, resultaría incomprensible por la simple razón de que ahora me doy cuenta de que nunca, en ningún momento, tuve una idea clara. Yo de ella tenía una imagen, pero no es lo mismo. Una imagen es un alto que hace la mente entre dos incertidumbres. Yo había recogido muchas cosas de usted, desde luego, y, después, cuando ella se fue, de otras personas, pero esto sólo aumentó mi confusión. Cuanto más averiguamos acerca de una persona menos sabemos. Por ejemplo, yo no sabré nada de Chartres, aparte el dato de que posee una catedral, si no he vivido en Chartres y puedo establecer una proporción entre la altura de la catedral y las vidas de sus vecinos. De otro modo, el saber que un tal Jean de esa ciudad había puesto a su mujer de pie encima del pozo no serviría más que para desconcertarme; al imaginar el acto, se me aparece tan alto como la catedral; de la misma manera que los niños que no saben gran cosa de la vida dibujan a un hombre y un granero a la misma escala.

—Su devoción por el pasado puede ser como el dibujo de un niño —observó el doctor mirando el taxímetro con aprensión.

El barón asintió. Estaba preocupado.

—Mi familia se ha preservado porque cuanto sé de ella se cifra en los recuerdos de una sola mujer, mi tía. Por lo tanto, tiene un carácter singular, claro e inalterable. En esto he tenido suerte. Ello me da un sentido de inmortalidad. Nuestra idea fundamental de eternidad es una condición que *no puede variar*. Es la motivación del matrimonio. En realidad, no hay hombre que desee la libertad. El hombre adquiere un hábito con toda la rapidez posible. Es una forma de inmortalidad.

—Y, lo que es más, llenamos de reproches a

la persona que la rompe, alegando que con ello ha roto la imagen de nuestra seguridad.

El barón asintió.

—Esta cualidad de una condición única, que era tan característica de la baronesa, era lo que me atraía en ella; una manera de ser que, en aquel entonces, ni siquiera había elegido deliberadamente, sino que era una especie de posesión fluida que me daba la sensación de que yo podría no sólo alcanzar la inmortalidad sino también ser libre para elegir mi propia especie.

—Ella siempre sostuvo boca abajo la bolsa de los trucos de Dios —dijo el doctor.

—Sin embargo —prosiguió el barón—, a decir verdad, la misma abundancia de lo que entonces me parecía seguridad y que en realidad era la privación más absoluta, era lo que me daba mayor placer y también una terrible sensación de angustia, que resultó plenamente justificada.

El doctor encendió un cigarrillo.

—Yo lo tomaba por aquiescencia —prosiguió el barón—. Y con ello cometí mi gran error. En realidad, ella era como esas personas que, al entrar inopinadamente en una habitación interrumpen todas las conversaciones porque buscan a alguien que no está. —Golpeó el cristal del taxi, se bajó y pagó. Cuando subían por el camino de grava, prosiguió—: Lo que yo quería preguntarle especialmente era por qué ella se casó conmigo. Me ha dejado en la oscuridad para el resto de mi vida.

—Tome usted el caso de la yegua que sabía demasiado —dijo el doctor— y que por la mañana miraba entre las ramas, pino o ciprés. Sufría por algo que le había sido arrebatado durante la guerra, en un bombardeo. Por su actitud, ese algo yacía entre sus cascos, pero ella no movía ni una rama, aunque su flanco era un torrente de dolor; estaba condenada hasta las corvas, que la hierba acariciaba suavemente al ondear. Sus pestañas tenían el gris negruzco de las de un negro, y en el suave centro de sus ancas palpitaba un pulso fino como de violín.

Mientras repasaba el menú, el barón dijo:

—La Petherbridge vino a verme.

—Dios rutilante —exclamó el doctor, dejando la cartulina sobre la mesa—. ¿A eso llegó? Nunca lo hubiera creído.

—Al principio, yo no tenía idea de quién era —dijo el barón—. No había ahorrado esfuerzos para hacer su atuendo rancio y triste, a base de velos y un vestido de una tela oscura y neutra con flores, de corte sencillo, muy ceñida a un busto muy pequeño y con frunces en la cintura, sin duda para disimular las anchuras de la que ha dejado muy atrás los cuarenta. Parecía tener prisa. Me habló de usted.

El doctor dejó el menú sobre las rodillas. Levantó sus oscuros ojos con las cejas hirsutas.

—¿Qué dijo?

El barón respondió, evidentemente sin sospechar que con sus palabras tocaba un punto sensible:

—Disparates acerca de que a usted se le ve casi todos los días en un convento donde hace sus devociones, recibe comida gratis y atiende casos que son, digamos, ilegales.

El barón levantó la mirada. Entonces advirtió con sorpresa que el doctor se había «deteriorado» hasta la condición en que le viera en la calle, cuando creía que nadie le observaba.

En voz muy alta, el doctor dijo al camarero a

menos de dos dedos de sus labios: «Sí, y con las naranjas, *naranjas*.»

El barón prosiguió rápidamente:

—Yo me sentía violento, porque Guido estaba delante. Ella dijo que había venido a comprarme un cuadro. Efectivamente, me ofreció un buen precio, que estuve tentado de aceptar... últimamente me he dedicado a la compraventa de cuadros, para mi viaje a Viena, pero luego resultó que el cuadro que quería era el retrato de mi abuela, del cual yo nunca podría desprenderme. Pero no llevaba ni cinco minutos en la habitación cuando me di cuenta de que lo del cuadro era un pretexto y que lo que ella buscaba era otra cosa. Se puso a hablar de la baronesa casi inmediatamente, aunque al principio sin dar nombres, y yo no relacioné el relato con mi esposa hasta el final. Me dijo: «Es realmente extraordinaria. Yo no la comprendo en absoluto, pero tengo que decir que la comprendo mejor que otras personas.» Y entonces añadió con una vehemencia forzada: «Siempre deja morir a los animalitos. Los mima, los mima y luego los abandona. Del mismo modo que los animales se abandonan a sí mismos.»

»A mí aquello no me gustó en absoluto, porque Guido quiere mucho a los animales, y yo me daba cuenta de lo que pasaba por él. No es como otros niños, cruel o insensible. Por eso le llaman "raro". He observado que al niño que es maduro, quiero decir maduro de corazón, siempre se le llama deficiente. —Pidió la cena y prosiguió—: Entonces ella cambió de tema.

—Zigzagueando como una barcaza a impulsos del viento —dijo el doctor.

—Bien, sí, se puso a hablar de una niña a la

que tenía en su casa, Sylvia la llamó; por aquel entonces, la baronesa también vivía con ella, aunque yo no supe hasta después que esa persona fuera la baronesa. Bien, lo cierto es que al parecer, la pequeña Sylvia se había «enamorado» de la baronesa y ella, la baronesa, no hacía más que despertarla por la noche para preguntarle si la «amaba».

»Durante las vacaciones, mientras la niña estaba fuera, la Petherbridge empezó a sentir "ansiedad"... así se expresó ella, por si realmente "la joven tenía o no tenía corazón".

—Y, para averiguarlo, volvió a traer a la niña —especuló el doctor, observando a la elegante concurrencia que empezaba a llenar el comedor.

—Exactamente —dijo el barón mientras pedía el vino—. Yo lancé una exclamación y ella dijo rápidamente: «Usted no puede reprochármelo, no puede acusarme de servirme de una niña para mis propios fines.» Bien, ¿a qué, si no, se reduce eso?

—Esa mujer no vacilaría en servirse de la tercera resurrección de un muerto para sus propios fines —dijo el doctor instalándose más cómodamente en su silla—. Aunque tengo que reconocer que es muy generosa con el dinero.

—Eso deduje de la oferta que me hizo por el retrato —dijo el barón haciendo una mueca—. Bien, luego dijo que, cuando volvieron a reunirse, la baronesa la había olvidado hasta el extremo de que la niña se sintió «avergonzada». Dijo «la vergüenza la recorrió de arriba abajo». Ya estaba en la puerta cuando pronunció la última frase. En realidad, interpretó toda la escena como si mi salón fuera un escenario y en aquel punto ella tuviera que decir la última frase.

»"Robin, dijo, la baronesa Robin Volkbein; quizá sea alguien de su familia."

»Me quedé sin poder moverme durante todo un minuto. Cuando me volví, vi que Guido estaba mareado. Lo tomé en brazos y le hablé en alemán. Él me preguntaba mucho por su madre, y yo siempre había conseguido inducirle a esperarla.

El doctor se volvió hacia el barón con una de sus súbitas iluminaciones:

—Exactamente —dijo—. Con Guido usted está siempre en presencia del «inadaptado». ¡Espere! No utilizo la palabra en sentido peyorativo; en realidad, mi mayor virtud es que nunca utilizo lo peyorativo en el sentido habitual. La piedad es una intrusión cuando se aplica a una persona que es un nuevo asiento en una vieja cuenta. Porque eso es su hijo. Uno sólo puede compadecer a los que están limitados a su propia generación. La piedad es temporal, es decir, que muere con la persona; un hombre digno de piedad es el último eslabón de sí mismo. Usted ha tratado bien a Guido.

El barón se quedó inmóvil, con el cuchillo inclinado hacia abajo. Levantó la mirada:

—¿Sabe, doctor?, la idea de que mi hijo pueda morir a edad temprana me produce una especie de triste felicidad porque su muerte es lo más espantoso que puede sucederme. En lo insoportable se halla el nacimiento de la curva de la alegría. Yo me siento preso en la sombra de un amplio temor que es mi hijo; él es el centro en torno al cual giran la vida y la muerte, el encuentro con él es mi designio final.

—¿Y Robin? —preguntó el doctor.

—Ella está conmigo en Guido; los dos son inseparables, y esta vez —dijo el barón atrapando el monóculo— con su pleno consentimiento. —Se inclinó hacia delante y levantó la servilleta—. La baronesa siempre parecía estar buscando a alguien que le dijera que era inocente. Guido se le parece mucho, salvo en que él es inocente. La baronesa siempre buscó en la dirección equivocada hasta que encontró a Nora Flood que, por lo poco que sé de ella, parece ser una persona íntegra, por lo menos, en intención.

»Hay personas —prosiguió— que necesitan permiso para vivir. Y si la baronesa no encuentra quien le dé ese permiso, se construirá una inocencia para sí; una espantosa clase de inocencia primitiva. Tal vez nuestra generación la considere «depravada», pero nuestra generación no lo sabe todo. —Sonrió—. Por ejemplo, Guido. ¿Cuántos son los que lo aprecian en lo que vale? La vida de cada cual le es propia de un modo peculiar cuando uno la ha inventado.

El doctor se limpió los labios.

—En la aceptación de la depravación es como mejor se capta el sentido del pasado. ¿Qué es una ruina sino el tiempo que se alivia de la resistencia? La corrupción es la Edad del Tiempo. Es el cuerpo y la sangre del éxtasis, la religión y el amor. ¡Ah, sí! —agregó el doctor—. Nosotros no «trepamos» a las alturas, sino que somos consumidos hacia ellas y entonces la conformidad y el orden dejan de procurarnos satisfacción. El hombre nace tal como muere, abominando de la limpieza; y luego está su condición intermedia, el descuido que, generalmente, acompaña al cuerpo «atractivo» una especie de tierra de la que se nutre el amor.

—Es verdad —dijo Felix con vehemencia—.

La baronesa tenía un desaliño indefinible, una especie de «olor de recuerdo» como la persona que ha venido de un lugar que hemos olvidado y que daríamos la vida por recordar.

El doctor alargó la mano hacia el pan.

—Así pues, la razón de nuestra limpieza se hace evidente; la limpieza es una forma de aprensión; nuestra deficiente memoria racial está engendrada por el miedo. El destino y la historia son desordenados; nosotros tememos el recuerdo de ese desorden. Robin no lo temía.

—No —dijo Felix en voz baja—. No lo temía.

—El estado casi fosilizado de nuestra capacidad de recordar está demostrado por nuestros asesinos y por quienes leen hasta el último detalle del crimen con apasionada avidez —prosiguió el doctor—. Sólo por tales medidas extremas puede el hombre medio recordar algo ocurrido hace mucho tiempo; ciertamente, no es que recuerde, sino que el crimen en sí es la puerta que conduce a una acumulación, la forma de palpar el estremecimiento de un pasado que todavía vibra.

El barón guardó silencio un momento. Luego, dijo:

—Sí; algo de este rigor tenía la baronesa, algo así como un primer esbozo; se advertía en su andar, en su forma de vestir, en su silencio, que escondía un lenguaje confuso y mal articulado. En todos sus movimientos había una gravidez, una premiosidad como si el pasado fuera una red que la envolvía como esa red que el tiempo extiende sobre el edificio muy viejo. Hay una perceptible gravidez en el aire que envuelve un edificio del siglo trece —dijo con leve pedantería— que es muy distinta del aire liviano que rodea una estructura nueva; lo nuevo parece repeler y lo viejo absorber el aire. Así había en la baronesa una densidad no de edad, sino de juventud. Tal vez fuera eso lo que me atrajo.

—Los animales se orientan principalmente por un olfato muy sensible —dijo el doctor—. Nosotros, para diferenciarnos de ellos, perdimos el nuestro y ¿qué tenemos en su lugar? Una tensión del espíritu que es la contracción de la libertad. Pero —terminó— todos los hechos horribles tienen por finalidad el provecho.

Felix comió un momento en silencio. Luego preguntó a quemarropa:

—Usted sabe lo que a mí me preocupa. ¿Mejorará mi hijo?

El doctor, cuanto más viejo, más parecía hablar consigo mismo cuando tenía que responder a una pregunta, y cuando la respuesta le perturbaba daba la impresión de que se encogía. Dijo:

—No siga buscando la calamidad; la tiene en su hijo. Al fin y al cabo, la calamidad es lo que todos perseguimos. Usted la ha encontrado. El hombre está completo sólo cuando toma en consideración a su sombra además de a sí mismo; ¿y qué es la sombra de un hombre sino su asombro postrado? Guido es la sombra de su angustia, y la sombra de Guido es la sombra de Dios.

—También a Guido le gustan las mujeres de la Historia —dijo Felix.

—La sombra de María —dijo el doctor.

Felix volvió la cabeza. El borde del monóculo lanzó un destello.

—Dice la gente que Guido no tiene la mente sana. ¿Qué dice usted?

—Yo digo que una mente como la suya tal

vez sea más apta que la de usted y que la mía. A él el hábito no le da seguridad, y ahí siempre cabe la esperanza.

—Es que no crece —susurró Felix.

—Su exceso de sensibilidad puede cohibir su espíritu —dijo Matthew—. Su cordura es un espacio desconocido: un espacio conocido siempre es menor que un espacio desconocido. Yo que usted, portaría la mente de ese niño como la copa que se recibe en la oscuridad. No se sabe lo que puede contener. Él se alimenta de extraños restos que nosotros no hemos catalogado; él come un sueño que no es nuestro sueño. En la enfermedad hay mucho más que el nombre de esa enfermedad. En la persona corriente, lo peculiar es lo que ha sido desterrado, y en el ser peculiar lo que se descarta es lo corriente; a la gente siempre le da miedo aquello que requiere vigilancia.

Felix pidió *fine*. El doctor sonrió:

—Ya le dije que acabaría bebiendo —recordó, vaciando de un trago su propia copa.

—Lo sé —respondió Felix—; pero entonces no lo entendí. Creí que se refería a otra cosa.

—¿A qué?

Felix titubeó haciendo girar entre sus dedos temblorosos la pequeña copa.

—Yo creí que quería usted decir que abandonaría.

El doctor bajó la mirada.

—Quizá fue lo que quise decir. Pero a veces me equivoco. —Miró a Felix desde debajo de sus gruesas cejas—. El hombre nace condenado e inocente desde el principio, y, tristemente, no hay otro remedio, ajusta su melodía a estos dos temas.

El barón se inclinó hacia delante y dijo en voz baja:

—¿Estaba condenada la baronesa?

El doctor deliberó un segundo, sabiendo lo que Felix había envuelto en aquella pregunta.

—Guido no está condenado —dijo. Y el barón se volvió rápidamente—. Guido —prosiguió el doctor— es un bienaventurdo, es la paz de espíritu, es lo que usted siempre persiguió. La aristocracia —dijo sonriendo— es una condición que adquiere la mente de la persona al tratar de pensar en algo más grande y mejor. Tiene gracia que un hombre nunca sepa cuándo ha encontrado lo que siempre anduvo buscando —añadió secamente.

—¿Y la baronesa? —dijo Felix—. ¿Sabe algo de ella?

—Ahora está en América, pero eso ya debe usted de saberlo. Sí; escribe de vez en cuando, no a mí, no lo permita Dios, sino a otros.

—¿Y qué dice? —preguntó Felix tratando de disimular la emoción.

—Dice: «Recordadme» —respondió el doctor—. Y es que quizá le cueste trabajo recordarse a sí misma.

El barón asió el monóculo.

—Altamonte, que ha regresado de América, me dice que la encontró «ausente». Una vez, yo pretendí, como usted, que de todo se entera, ya debe de saber —dijo colocando el monóculo en su sitio—, pretendí situarme entre bastidores, como si dijéramos dentro del escenario de nuestra actual condición, para averiguar si era posible descubrir el secreto del tiempo; tal vez sea una suerte que ésta sea una ambición imposible para la mente sana. Ahora estoy seguro de que uno tiene que estar un poco loco para leer en el pasado o en el futuro. Hay que estar un poco apartado de la vida para conocer la vida, la vida oscura, vislumbrada confusamente: la condición en la que vive mi hijo. Quizá ése sea también el afán que mueve a la baronesa.

El barón sacó el pañuelo, se quitó el monóculo y lo limpió cuidadosamente.

Con un maletín lleno de medicamentos y un frasquito de aceite para las manos de su hijo, Felix arribó a Viena con el niño al lado; Frau Mann, opulenta y alegre, iba en el asiento de delante, sosteniendo la manta para los pies del niño. Ahora Felix bebía copiosamente, y para ocultar el tinte rojo de sus mejillas se había dejado una barba que terminaba en dos puntas peinadas hacia los lados. En lo de beber, Frau Mann no le iba a la zaga. Eran muchos los cafés que frecuentaba el extraño trío: entre los dos, el niño, con unos gruesos lentes que le agrandaban los ojos, muy erguido, con el cuello rígido, manteniendo la cabeza en actitud atenta, observando cómo las monedas de su padre rodaban por el suelo mas y más lejos a medida que avanzaba la noche, a los pies de los músicos, a los que Felix pedía marchas militares, *Wacht am Rhein, Morgenrot,* Wagner; el monóculo, empañado por el calor de la sala, bien encajado, Felix muy correcto y borracho, tratando de no buscar lo que siempre buscara, el vástago de una noble casa venida a menos; con los ojos vueltos hacia el techo o puestos en el lugar de la mesa en que el pulgar y el meñique seguían el compás de la música, como si sólo tocaran las dos notas importantes de una octava, la grave y la aguda, o moviendo la cabeza y sonriendo a su hijo, como uno de esos juguetes mecánicos que mueven la cabeza al contacto de una mano infantil. Guido apretaba la mano contra el estómago donde, debajo de la camisa, podía sentir la medalla contra la carne. Frau Mann, agarrando firmemente la jarra de la cerveza, hablaba y reía fuertemente.

Una tarde, al entrar en su café favorito del Ring, Felix vio sentado en un rincón a un hombre alto al que en seguida reconoció por más que se resistía a admitirlo: estaba seguro de que era el gran duque Alejandro de Rusia, primo y cuñado del difunto zar Nicolás, y durante la primera parte de la noche se abstuvo de mirarle. Pero, cuando las saetas del reloj marcaban las doce, Felix (con el abandono de su propia locura) tuvo que sucumbir y, cuando se levantaron para marcharse, con las mejillas descoloridas y las puntas de la barba dobladas hacia abajo por la crispación del mentón, dio media vuelta, hizo una leve inclinación y, en su turbación, ladeó la cabeza, con ese movimiento con el que el animal desvía la mirada al tropezarse con los ojos del hombre, como si sufriera una vergüenza mortal.

Al ir a subir al coche dio un traspiés. «Vamos —dijo tomando entre los suyos los dedos de Guido—. Estás helado.» Extrajo del frasco unas gotas de aceite y empezó a friccionar las manos del niño.

DESCIENDE, MATTHEW

—¿Es que no puedes parar? —dijo el doctor. Llegó a la casa a media tarde y encontró a Nora escribiendo una carta—. ¿Es que no puedes dejarlo? ¿No puedes estar tranquila, ahora que sabes lo que busca el mundo, que no busca nada? —Se quitó el sombrero y el abrigo sin ser invitado a hacerlo, dejó el paraguas en un rincón y avanzó hacia el centro de la habitación—. Y yo que parezco raro porque nadie me ha visto desde hace un millón de años y ahora me ven. ¿Tan necesario es el sufrimiento para alcanzar la belleza? Suéltate del infierno y tu caída quedará interrumpida por el tejado del cielo. —Inspeccionó la bandeja del té y, al notar que la tetera estaba fría, se sirvió una generosa dosis de oporto. Se dejó caer en un sillón y agregó más suavemente cuando Nora levantaba la cabeza de la carta—: En los confines de la India hay un hombre que está sentado al pie de un árbol. ¿Por qué no descansar? ¿Por qué no dejar la pluma? ¿No es bastante duro para Robin estar perdida en algún lugar sin recibir correo? ¿Y Jenny, qué hace ahora? ¿Se ha dado a la bebida y se ha apropiado de la mente de Robin con vulgar inexactitud, como lo de esas ochenta y dos vírgenes de escayola que compró porque Robin tenía una auténtica? Cuando uno se ríe de las ochenta y dos, puestas en fila, Jenny corre a la pared, hacia el retrato de su madre y se queda allí de pie entre dos torturas: el pasado que no puede compartir y el presente que no puede copiar. ¿Y qué va a hacer ella? Registra sus habitaciones con gritos lacerantes y groseros; sepulta su cuerpo por los dos extremos, escudriñando el mundo para tratar de hallar el camino de vuelta hacia lo que deseó hace mucho tiempo. El recuerdo ha pasado, y sólo por coincidencia, percibe un viento o el temblor de una hora, o la envuelve una oleada de tremendos recuerdos, y ella se desvanece al saberlo perdido. ¿No puede una cosa horrenda ser análoga a una cosa exquisita si ambas son aprensiones? Muchas veces, amar dos cosas nos permite saber cuál es la buena. Piensa en los peces que recorren el mar. Su amor al aire y al agua los hace girar como ruedas, mordiendo el agua con la cola y con los dientes, con la espina dorsal retorcida en el aire. ¿No es así Jenny? Ella que nunca pudo abarcar nada por entero sino con los dientes y la cola y con la espina doblada. ¡Por el amor de Dios!, ¿es que no puedes descansar?

—Si no le escribo, ¿qué puedo hacer? No voy a estar siempre aquí sentada, esperando.

—*Terra damnata et maledicta!* —exclamó el doctor, dando un puñetazo—. Mi tío Octavio, el pescador de truchas de Itchen, lo hacía mejor: él, cuando capturaba un pez, se lo comía. ¡Pero tú, tú tienes que devanar el destino, tienes que volver a buscar a Robin! Eso es lo que vas a hacer. En tu silla hubieran tenido que montar la Piedra Sagrada, para que dijera sí a tu sí y no a tu no; pero no, está perdida en la abadía de Westminster, y si yo hubiera podido salir al paso a Brec cuando la llevaba a Irlanda y decirle una palabrita al oído le hubiera dicho: «Espera», aunque aquello fue setecientos años antes de Jesucristo; podía haberle dado el mensaje. Eso podía haberte detenido; pero no, tú siempre estás escribiendo a Robin. Nada te detiene, tú la has convertido en leyenda y sobre su cabeza has colocado la Luz Eterna, y seguirás perseverando aunque esto le obligue a abrir un millón de sobres hasta el final de sus días. ¿Acaso sabes tú de qué sueño la arrancas? ¿Qué palabras tiene que pronunciar para acallar el silbido con el que el cartero llama a otra muchacha que se alza ansiosamente sobre un codo? ¿Es que no puedes soltarnos a ninguno? ¿Es que no sabes que tu perseverancia es su única felicidad y también su única desgracia? Tú escribes y lloras y piensas y cavilas, y mientras tanto, ¿qué hace Robin? Pues arranca florecillas o juega a los soldaditos sentada en el suelo; de manera que no me llores a mí, que no tengo a quien escribir y que no hago más que recoger esta ropita tendida que se conoce con el nombre de la Colada Mundial. Haz un hoyo y entiérrame en él. Quiá. La Pasión según san Mateo de Bach voy a ser yo. Durante una vida puedes usarlo todo, eso es lo que he averiguado.

—Tengo que escribirle —dijo Nora—. Tengo que escribirle.

—Eso nadie lo sabe mejor que yo, yo que soy el dios de la oscuridad. Está bien, pero entérate de lo peor. ¿Qué me dices de Felix y de su hijo Guido, ese niño febril, enfermo y quejumbroso? Para él un frío de muerte es un tónico. Al igual que todos los nuevos jóvenes, su único recurso para la vejez es la esperanza de una muerte prematura. ¿Qué espíritus le contestan a él, que nunca llegará al estado de hombre? Pobre vivacidad destrozada. Y yo pregunto ahora: ¿no será que Robin fue apartada adrede? ¿No habrá sido Jenny un instrumento? ¡A saber qué cuchillos la trituran ahora! ¿Y tú no puedes descansar ya, soltar la pluma? Oh, papelero, ¿no he hecho ya un resumen de mi tiempo? Un día me sentaré a descansar a la orilla de Saxon-les-Bains y me lo beberé hasta dejarlo seco, o me arruinaré en la mesa de juego de Hamburgo, o acabaré como Madame de Staël, con una afinidad por Alemania. Yo tendré toda clase de finales. Ah, sí, con una grupera de crin de doncella, para mantenerme el alma en su sitio, y en mi vanguardia una paloma de plumaje especial que se mantenga a mi viento, cuando yo cabalgue en ese caballo furioso que tiene en cada casco goma suficiente para franquear mis actos cuando me echen al buzón y me sellen con tierra. Con el tiempo todo es posible y en el espacio todo es perdonable. La vida no es sino el vicio intermedio. Hay una eternidad para el sonrojo. La vida, devanada de cabo a rabo, es lo que provoca un flujo de sangre al clero. ¿No puedes descansar, soltar la pluma? ¡Oh, los pobres gusanos que nunca llegan! ¡Que un ángel cómplice ruegue por nosotros! Nosotros no podremos abarcarlo, el tétrico murmullo del nervio cardíaco dicta a cada cual su paso. ¿Y Robin? ¡Yo sé dónde está tu mente! Ella, la eterna espontánea, Robin, que siempre fue la segunda persona del singular. ¡Bien! —dijo con violencia—. ¡Échate a llorar espada en mano! ¿Acaso yo no me he comido también un libro? ¿Como los ángeles y los profetas? ¿Y no era un libro amargo? Los expedientes de mis atentados contra la ley, sustraídos de los archivos indiscretos por mi influyente amigo. ¿Y no me comí esta página, y arranqué esa otra, y pisoteé otras, y desgarré otras y eché otras al inodoro para aliviarme de ellas? Pues ahora piensa en Jenny, sin una coma que llevarse a los dientes, y en Robin sin nada que la sostenga más que un nombre cariñoso, el nombre cariñoso que tú le diste; y es que los nombres cariñosos son un seguro contra la pérdida, como la música primitiva. Pero, ¿es una suma ese nombre? ¿Es incluso nuestro fin una suma? No; no me contestes, yo sé que hasta la memoria pesa. Un día, durante la guerra, vi un caballo muerto que llevaba mucho tiempo en el suelo. El tiempo, y los pájaros y su propio postrer esfuerzo habían dejado el cuerpo a gran distancia de la cabeza. Mientras contemplaba aquella cabeza, en mi memoria pesaba el cuerpo perdido; y a causa de aquella magnitud ausente, la cabeza yacía en el suelo con mayor peso. Así el amor, cuando se va llevándose al tiempo consigo deja un recuerdo de peso.

—Ella es como yo misma. ¿Qué puedo hacer?

—Haz nidos de pájaros con los dientes; eso sería preferible —dijo él irritado—. Como mi amiga, la inglesa. A los pájaros les gustaban tanto que dejaron de hacerlos ellos. (¿Te recuerda esto algún nido que hayas hecho para un pájaro desviándole con ello de su destino?) Cuando llega la primavera, hacen cola junto a la ventana de su dormitorio, y esperan turno, aguantándose los huevos como pueden, hasta que ella los atiende, y paseando arriba y abajo del alféizar con los ojos hundidos en las plumas, brillantes y agudos, roídos por la impaciencia, como el que espera en la puerta del aseo que salga el que se ha metido en él para leer la *Historia de la decadencia y caída del Imperio Romano*. Y luego piensa en Robin que nunca pudo hacer nada por sí misma salvo a través de ti. En fin —dijo entre dientes—, felices aquellos a los que el aislamiento hace inocentes.

Nora se volvió y, con una voz que trataba de ser firme, dijo:

—Una vez, al verla dormir, deseé su muerte. Ahora eso no remediaría nada.

El doctor asintió y se arregló la corbata con dos dedos.

—El saber que tenemos los días contados no nos permite mirar cara a cara a la muerte de nuestra amante. Mientras vivimos, la conocíamos bien pero nunca la comprendimos, porque entonces nuestro siguiente gesto traía el siguiente equívoco. Pero la muerte es la intimidad que camina hacia atrás. Enloquecemos de dolor cuando ella, que una vez nos dio permiso para acercarnos, nos deja sólo el recuerdo. Entonces derramamos las lágrimas de la quiebra. Por lo tanto, vale más que no nos otorgue su permiso. —Suspiró—. Tú todavía sufres. Yo pensaba que ya lo habrías superado. Debí figurármelo. Nada es como uno desea. El mundo se rige por esta ley. Personalmente, si pudiera, yo instauraría el Día del Cuchillo Carnicero y, llevado de la bondad de mi corazón, os cortaría la cabeza a ti y un par más. A todo ser humano habría que concederle un día y un hacha para desahogarse.

—¿Qué nos pasará ahora, a mí y a ella? —preguntó Nora.

—Nada —respondió el doctor—. Como siempre. Todos caemos en la batalla, pero todos volvemos a casa.

—Yo sólo puedo volver a encontrarla en mi sueño o en su muerte; en los dos se ha olvidado de mí.

—Oye —dijo el doctor, dejando la copa—. Mi guerra me trajo muchas cosas, procura tú que la tuya te traiga a ti otras tantas. La vida no es para ser contada y, por más que tú grites, ella no te dará explicaciones. Nadie será mucho ni será poco salvo en la mente de otro, conque ten cuidado con las mentes en las que te metes, y acuérdate de Lady Macbeth que tenía la mente en la mano. No todos podemos actuar con esa seguridad.

Nora se levantó nerviosamente y empezó a pasear.

—Soy tan desgraciada, Matthew. No sé cómo, pero tengo que hablar, tengo que hablar con alguien. No puedo seguir así. —Se retorcía las manos y, sin mirar al doctor, siguió paseando.

—¿Tienes más oporto? —preguntó el doctor dejando la botella vacía encima de la mesa.

Maquinalmente, Nora le trajo otra botella. Él quitó el tapón, lo olió y se sirvió una copa

—Tú estás experimentando la consanguinidad del dolor —dijo él catando el vino entre el labio inferior y los dientes—. La mayoría no nos atrevemos. Nosotros nos casamos con un desconocido y de este modo «resolvemos» nuestro problema. Pero cuando tú contraes matrimonio endogámico con el sufrimiento, lo que es tanto como decir que has contraído todas las enfermedades y de este modo perdonado a tu carne, eres desmantelada y destruida como desaparece una obra maestra de la pintura bajo el raspador del científico que quiere saber cómo fue pintada. Yo imagino que la muerte será perdonada por el mismo proceso de identificación; todos llevamos en nosotros mismos la casa de la muerte, el esqueleto, pero, a diferencia de la tortuga, tenemos la seguridad dentro y el peligro, fuera. El tiempo es una gran conferencia que proyecta nuestro fin, y la juventud no es más que el pasado que adelanta la pierna. ¡Ah, quién pudiera aferrarse al sufrimiento pero dejar libre el espíritu! A propósito de destrucción, recuerdo que, estando en Londres, yo corría una noche con las manos extendidas, rezando a todos los santos para poder llegar a casa, meterme en la cama y despertarme al día siguiente sin encontrarme las manos en las caderas. Corría hacia el Puente de Londres... de eso hace mucho tiempo, y más vale que me ande con cuidado o el día menos pensado, con una de estas historias, voy a delatar mi edad.

»Bien, al pasar por debajo del Puente de Londres, ¿qué crees que vi? Pues vi a una Tupenny Upright, o sea, Dos-Peniques De-Pie. ¿Sabes tú lo que es? Una Tupenny es una muchacha de las de antes, y el Puente de Londres, su última estación, como la última estación de una *grue* es Marsella, si no tiene dinero suficiente para llegar a Singapur. Por dos peniques, ella te hace, de pie, todo lo que puedas esperar. Solían pasear despacio, todas volantes y colgajos, con unos sombrerazos terroríficos, con el alfiler clavado encima del ojo y atravesándoles toda la copa, con la mitad de la sombra en el suelo y la otra mitad arrastrándose por la pared; damas de la *haute* que daban su último paseo, deambulando por su último Rotten Raw, caminando despacio en la oscuridad, levantándose los remendados volantes de la falda o quedándose quietas, para que se los levantaras tú, dejándote hacer, calladas e indiferentes como los muertos, como si pensaran en tiempos mejores o esperaran algo que les prometieron cuando eran niñas; con sus pobres vestidos malditos levantados y cayéndoles por el anca, todas frunces y galones, como la montura de un cruzado, con todos los arreos revueltos, de la pena

Mientras el doctor hablaba, Nora dejó de pasear, como si él hubiera captado su atención por primera vez.

—Y una vez el padre Lucas me dijo: «Tienes que ser simple, Matthew, la vida es un libro muy simple, un libro abierto, tú lee y sé simple como los animales del campo; no basta con ser desgraciado, tienes que saber sufrir.» Entonces me puse a pensar y me dije: «Esto que me manda el padre Lucas es terrible: sé simple como los animales y, además, piensa y no hagas daño a nadie.» Entonces eché a andar. Anochecía y estaba nevando. Me dirigí hacia la *Île* porque veía brillar los vitrales de Notre-Dame, con todos los niños que rezaban en la penumbra, y todas las velas que parpadeaban, los niños que rezaban sus oraciones bajito, con ese aliento leve que sale de los pulmones pequeños, susurrando con fatalismo sobre nada, que es como los niños dicen sus oraciones. Entonces me dije: «Matthew, esta noche tienes que encontrar una iglesia pequeña, donde no haya nadie, donde puedas estar solo como un animal y, no obstante, pensar.» Conque di media vuelta y fui bajando hasta que llegué a Saint Merry y entré y allí me quedé. Las velas ardían con ahínco por todas las penas que la gente les había confiado, y yo estaba casi solo, porque no había más que una vieja que rezaba el rosario en un rincón.

»Me acerqué al cepillo de las ánimas del Purgatorio, sólo para demostrar que era un pecador de verdad, por si había por allí algún protestante. Yo trataba de decidir cuál de mis manos era más bendita, porque en el Raspail hay una hucha que dice que la mano con la que das a las Hermanitas de los Pobres estará bendita todo el día. Hasta que desistí, confiando en que fuera la derecha. Me arrodillé en un rincón oscuro e incliné la cabeza y me puse a hablar a Tiny O'Toole porque le tocaba a él; yo lo había probado todo. Esta vez no había más remedio que obligarle a enfrentarse al misterio, para que yo pudiera verle tan claramente como él a mí. Entonces susurré: "¿Qué es esto, Señor?" y empecé a llorar; las lágrimas caían como cae la lluvia sobre el mundo, sin tocar la cara del cielo. De pronto, me di cuenta de que era la primera vez en mi vida que mis lágrimas me eran extrañas, porque me salían de los ojos hacia delante; yo lloraba porque tenía que hacer que Tiny se sintiera violento, a ver si escarmentaba.

»Yo lloraba y golpeaba el *prie-dieu* con la mano izquierda, y mientras tanto Tiny O'Toole estaba desmayado. Yo dije: "He buscado, y lo único que hallo es que soy yo, Señor, el único que sabe que hay belleza en un error permanente como yo." ¿No lo decía yo? "Pero —agregué— no podré perseverar a menos que tú me ayudes, ¡oh, Libro de la Ocultación! *C'est le plaisir qui me bouleverse!* ¡El león rugiente sale en busca de su propia furia! Así que dime qué es lo permanente de mí, yo o él." Así que allí estaba yo en la iglesia casi vacía, con todas las penas de la gente parpadeando alrededor. Y yo dije: "Este mundo sería estupendo, Señor, si pudieras sacar de él a toda la gente." Y allí estaba yo, abrazado a Tiny, inclinado y llorando y preguntando hasta olvidarme de todo, y seguí llorando y dejé a Tiny como un pájaro roto, y salí de la iglesia y eché a andar mirando a las estrellas que brillaban y dije: "¿He sido simple como un animal, Señor, o he estado pensando?"

Ella sonrió:

—A veces, no sé por qué hablo contigo. Eres como un niño. Pero otras veces sí lo sé, y muy bien.

—A propósito de niños, y gracias por el cumplido, ahí tienes, por ejemplo, el caso de don Anticolo, el joven tenor de Beirut, que se sacaba a su Wagner de la pelvis y a Verdi, del plexo solar. Cantando había dado una vuelta y media al mundo, viudo, con un hijo pequeño, de apenas diez años reloj en mano, cuando, *presto*, el niño fue mordido por una rata mientras se bañaba en Venecia y eso le dio unas fiebres. Su padre entraba a verlo y lo palpaba cada diez minutos, ¿o era cada media hora?, para ver si estaba menos o más caliente. El papá estaba loco de dolor y de angustia, pero, ¿se apartaba un solo instante de su cama? Se apartaba, porque, aunque el niño estaba enfermo, había anclado la flota. Claro está que, como era padre, rezaba mientras bebía el champaña; y pedía larga vida para su hijo mientras mamaba encima de la brújula e invitó a casa a toda la tripulación, de la proa a la botavara. Cuando llegó a casa, el niño había muerto. El joven tenor prorrumpió en llanto, lo incineró y puso las cenizas en una cajita de cinc que no era más grande que una caja de muñecas y le dedicó una ceremonia, con doce marineros vestidos de azul alrededor de la mesa de madera blanca, con el vaso en la mano, y la aflicción en sus ojos de mirar al mar, de fino párpado entornado al horizonte, mientras el desconsolado padre y cantante empujaba la cajita de un lado al otro de la mesa diciendo: «¡Esto, señores, es mi hijo. Esto, chicos, mi hijo, mis marinos, mi pequeño!» Y se abalanzaba sobre la caja, la levantaba y volvía a bajarla, repitiendo y llorando: «¡Hijo mío, mi niño, mi chiquitín!» Palpando la caja con dedos temblorosos aquí y allá, de un lado al otro de la mesa, una docena de veces, abalanzándose sobre ella, siguiéndola, tocándola, llorando y gritando, como el perro que olfatea el pájaro que, por alguna extraña razón, ha dejado de moverse.

El doctor se levantó y volvió a sentarse:

—Sí, como hay Dios, Robin era hermosa. A mí no me gusta, pero tengo que reconocerlo. Tenía como un azul fluido debajo de la piel, como si le hubieran arrancado la corteza del tiempo y, con ella, todas las transacciones del conocimiento. Una especie de primer estado de la atención, una cara que envejecerá sólo bajo los golpes de la niñez perpetua. Unas sienes, como las de los venados jóvenes cuando les apunta el cuerno, como ojos dormidos. Y esa expresión de la cara que perseguimos como un fuego de san Telmo. Los brujos conocen el poder de los cuernos. Tú encuentra un cuerno donde quieras y sabrás que ha sido identificado. Podrías tropezarte con mil cráneos humanos sin sentir la misma trepidación. ¡Si lo sabrán las viejas duquesas! ¿Has visto alguna que se presente en público, ya sea en la ópera o en cualquier sarao, sin que le tremolen en la sien plumas, flores, ramitas de avena o cualquier otra fruslería?

Ella no le oía.

—Cada hora es mi última hora —dijo con desesperación—. ¡Y no se puede estar toda la vida viviendo una última hora!

Él juntó las manos.

—Incluso la vida contemplativa no es más que un esfuerzo, Nora, hija mía, para esconder el cuerpo de manera que no asomen los pies. ¡Ah, quién fuera el animal que nace al abrir los ojos, sólo va hacia delante y, al final del día, al cerrar los párpados, cierra la memoria!

—El tiempo no es lo bastante largo —dijo ella golpeando la mesa—, no es lo bastante largo para dar cabida a sus noches. ¡Dios! —exclamó—. ¿Qué es el amor? ¿El hombre que busca su propia cabeza? ¡La cabeza humana está tan desgarrada por el sufrimiento que hasta los dientes le pesan! Ella no podía decirme la verdad porque nunca hacía un plan; su vida era un continuo accidente, ¿y cómo va uno a estar preparado para eso? Todo lo de este mundo que no podemos soportar lo encontramos un día en una persona y en el acto nos prendamos de ello. Un sentido de identidad robusto da a la persona la idea de que no puede hacer nada malo; un sentido débil produce el mismo efecto. Hay naturalezas que no pueden apreciar sino *sólo* añorar. ¿Será Robin de las personas que *sólo* añoran? —Se interrumpió bruscamente, asiendo con fuerza el respaldo de la silla—. Quizá no, porque hasta el recuerdo la fatigaba. —Entonces dijo con la violencia del desconsuelo—: ¡Hay algo perverso en mí que ama el mal y la degradación, el reverso negro de la pureza! Algo que ama la honestidad con un amor horrendo. ¿Por qué, si no, he ido siempre a buscarla a la puerta del embustero?

—Mira —dijo el doctor—, ¿sabes qué es lo que ha hecho de mí el mayor embustero a este lado de la Luna? El contar mis historias a gente como tú para sacarles de la entraña la angustia mortal e impedir que vayan rodando por ahí, que encojan las piernas, dando alaridos, con los ojos desorbitados por encima de los nudillos, con un sufrimiento que tratan de ahogar diciendo: «Diga algo, doctor, por el amor de Dios.» Y yo, hablando a borbotones, como un loco.

»Supón que tu corazón tuviera un metro de diámetro, ¿lo destrozarías por un corazón que no fuera mayor que una cagadita de ratón? ¿Te arrojarías a un lago, con el tamaño que ahora tienes, por una mujer a la que tuvieras que buscar con lupa o por un chico tan alto como la Torre Eiffel o que cagara como las moscas? No; nosotros amamos por tamaños pero, a medida que envejecemos, gritamos con una vocecita cada vez más pequeña al Dios estentóreo. Envejecer no es sino echarse vida a la espalda; de manera que al fin perdonas incluso a aquellos a los que no has empezado a olvidar. Esta indiferencia es lo que te da valor, que, a decir verdad, no tiene nada de valor. No hay verdad, pero vosotras la habíais colocado entre las dos; fuiste tan imprudente como para fabricar una fórmula; vestiste lo incognoscible con las ropas de lo conocido.

—El hombre —dijo ella con un temblor en los párpados—, al someterse al miedo, creó a Dios; del mismo modo que la prehistoria, al someterse a la esperanza, creó al hombre... provocó el enfriamiento de la corteza terrestre y la retirada de las aguas. Y yo, que necesito fuerza, elijo a una muchacha que parece un chico.

—Exacto —dijo el doctor—. Tú nunca habías querido ni querrás a nadie como quieres a Robin. Muy bien, ¿qué es este amor que sentimos hacia el invertido, sea hombre o mujer? Porque de ellos tratan todos los cuentos y todas las novelas que hemos leído. La muchacha perdida, ¿quién es si no el príncipe encontrado? El príncipe del caballo blanco, al que siempre buscamos. Y el hermoso doncel que es una muchacha, ¿qué es si no el príncipe-princesa con cuello de encaje: nada del uno y la mitad del otro, el dibujo del abanico? Por esa razón los amamos. Fueron grabados dentro de nosotros en nuestra niñez mientras cabalgaban por nuestros libros de lectura; la más dulce de las mentiras, ahora hecha realidad en el chico o la chica, porque en la muchacha es el príncipe y en el muchacho, la muchacha, lo que hace príncipe a un príncipe, y no un hombre. Retroceden hacia nuestra distancia perdida donde nos aguarda lo que nunca tuvimos, era inevitable que diéramos con ellos, porque nuestro anhelo equivocado los creó. Son nuestra respuesta a lo que nuestras abuelas creían que era el amor, porque así se lo habían dicho, y lo que nunca llegó a ser; ellos, la mentira viva de nuestro siglo. Cuando aparece una mentira larga, a veces es muy hermosa; cuando cae en la disipación, en las drogas y en la bebida, en la enfermedad y la muerte, tiene un atractivo singular y terrible a la vez. Un hombre puede aborrecer y evitar el mal en su propio plano, pero cuando está en el fino borde desflecado del sueño lo encierra en su corazón, como en su corazón guarda uno el negro horror de la pesadilla íntima, nacida y muerta para la mente particular, de manera que si uno de ellos muere de viruelas, de eso también querrá morir el otro, con dos sentimientos, horror y alegría, fundidos de nuevo en un mar informe donde un cisne, que podemos ser nosotros, o ella, o él, o la suma misteriosa de todos, se hunde gritando.

—Amor, sentido con pasión, es muerte, lo sé, por eso el amor es sabiduría. Yo la amo como el que cumple una condena.

—¡Ay, viuda Lázaro! ¡Resucitada de tus muertos! ¡Humor lunático de la Luna! Contempla este árbol del espanto en el que canta el pájaro del horror, *Turdus musicus*, el tordo cantor de Europa; que canta el estribillo, posado en la rama, en la noche húmeda de llanto, con trino que empieza *largo* pero termina como *I Hear You Calling Me*, o *Kiss Me Again* a ritmo frenético. ¿Y Diana, dónde está? Diana de Éfeso, de los Jardines Griegos, que canta y se estremece en todos los pechos; y Tormento y Devastación, los perros del Vaticano que corren arriba y abajo de la explanada pontificia y salen a las Ramblas con rosas en la cola para ahuyentar la angustia. ¡Si los conoceré yo! ¿Es que te has creído que yo, la Vieja del Armario, no sabe que todos los niños, de cualquier tiempo, han nacido prehistóricamente y que hasta el pensamiento equivocado le ha costado a la mente humana un esfuerzo increíble? Sacude el árbol del conocimiento y harás volar un extraño pájaro. El sufrimiento puede estar compuesto de maldad y producir convulsiones inferiores. El furor y la tergiversación aúllan y hacen estallar el hueso, porque, contrariamente a lo que se cree, *no* todo el sufrimiento purifica, con perdón de todo el mundo, que es como decir como sabe todo el mundo. A algunos los empuja con desesperación al perjurio; el peritoneo hierve y provoca una oración vulgar y barata, envuelta en una agonía inútil.

—Jenny —dijo ella.

—Esto le quita el sueño. Jenny es una de esas personas que comen como un pájaro y evacuan como un buey: los pobrecillos sólo están un poco malditos. Eso también puede ser una tortura. Ninguno de nosotros sufre tanto como debería, ni ama tanto como dice. El amor es la primera mentira; la sabiduría, la última. ¿Acaso no sé yo que la única forma de conocer el mal es por la verdad? Los malos y los buenos sólo se conocen cuando se revelan su secreto cara a cara. El verdadero bien que encuentra al verdadero mal (Santa Madre de Misericordia, ¿existe esto?) descubre la forma de no aceptar ni lo uno ni lo otro; la cara del uno revela a la cara del otro la mitad de la historia que los dos olvidaron.

»Ser inocente del todo sería ser del todo desconocido, ¡especialmente por uno mismo! —terminó.

—A veces Robin parecía volver a mí —dijo Nora sin escucharle— en busca de descanso y seguridad. Pero siempre volvía a marcharse —agregó con amargura.

El doctor encendió un cigarrillo; alzando la barbilla expulsó el humo hacia lo alto.

—Para tratar a sus enamoradas con la gran indiferencia apasionada. ¡Pues claro! —exclamó bajando el mentón—. El alba, naturalmente, ¡el alba! Entonces regresaba asustada. A esa hora, el ciudadano de la noche hace equilibrios sobre un hilo muy delgado.

—Sólo lo imposible dura siempre; con el tiempo, se hace accesible. El amor de Robin y mi amor siempre fue imposible y, amándonos, ya no amamos. Sin embargo, nos amamos la una a la otra mortalmente.

—¡Hum! —murmuró el doctor—. Por más que aporrees la vida como un gong, hay una hora que no suena, la hora de la ruptura. En fin —suspiró—, al cabo todos los hombres mueren de ese veneno que se llama «corazón en la boca». Tú llevas el tuyo en la mano. Guárdalo. Al que lo come le gustará tu sabor y al fin su hocico te ladrará entre las costillas. Yo no soy una excepción, bien lo sabe Dios; soy el último de la familia, la línea más débil. Es una atrocidad que el hombre sólo sea capaz de aprender por medio de lo que tiene entre una pierna y la otra. Ay, el pequeño colgante. Con su actividad corrompemos a la mortalidad. Nunca sabrás cuál de tus dos extremos es aquel del que nunca puedes apartar tu pensamiento.

—Si tú pudieras apartar mi pensamiento de mi propia cabeza, Matthew... ahora, en esta casa que tomé para que el pensamiento de Robin y el mío pudieran ir al unísono. Es curioso, ¿no?, pero soy más feliz ahora, estando sola, sin ella, porque cuando ella estaba conmigo en esta casa, tenía que verla deseando marcharse y quedándose. ¿Cuánta vida ponemos en nuestra vida para poder ser condenados? Luego ella volvía, y se la oía tropezar por la casa otra vez, acechando un paso en el patio, un pretexto para huir sin marcharse, tratando de absorber por la intensidad de su oído cualquier sonido que me hiciera sospechar, y, a pesar de todo, esperando que yo me desesperara, aunque manteniéndome a salvo, desde luego; ella necesitaba esta certidumbre. Matthew, ¿fue pecado creerla?

—Naturalmente; eso falseaba su vida.

—Pero dejé de creerla, después de la noche en que fui a verte; y a todas horas tengo que pensar en eso, no me atrevo a dejar de pensar, por miedo a volver a empezar.

—El remordimiento pesa como culo de toro —dijo el doctor—. Tú tenías la presunción de la «honestidad» para impedir que ese culo te reventara el corazón; pero ¿qué tenía ella? Sólo tu confianza en ella, y se la retiraste. Debiste mantenerla siempre, consciente de que era un mito; no es prudente destruir un mito. ¡Ah, la debilidad de los fuertes! Lo malo de ti es que no eres sólo una fabricante de mitos, sino también una destructora. Creaste una hermosa fábula y luego le metiste a Voltaire en la cama. ¡Ah, la *Marcha fúnebre* de «Saúl»!

Nora prosiguió, como si él no la hubiera interrumpido:

—Porque, después de aquella noche, fui a ver a Jenny. Recuerdo la escalera. Era de madera marrón y el portal, oscuro y feo. El apartamento era deprimente. Nadie habría dicho que aquella mujer tenía dinero. El papel de la pared era de color mostaza hasta el salón y en el recibidor había algo espantoso rojo, verde y negro, y, al fondo, frente a la puerta de la escalera, un dormitorio con una cama de matrimonio. Apoyada en la almohada había una muñeca. Robin me había regalado a mí también una muñeca. Entonces supe que aquélla era la casa, antes de preguntar: «Usted es la amante de Robin, ¿verdad?» Aquella pobre criatura que temblaba de pies a cabeza tenía unos huesos pélvicos que se le transparentaban a través de la tela del vestido. Me dieron ganas de reír de terror. Estaba encogida en la silla, de la sorpresa, y levantó su pico de cuervo y dijo: «Sí.» Entonces levanté la mirada, y vi que en la pared estaba la foto de Robin de niña: la que me dijo que se había perdido.

»Ella se desmoronó; cayó hacia delante en mi regazo. Cuando siguió hablando, vi que yo para ella no era peligro sino alguien que podía comprender su tormento. Con gran agitación dijo: "Esta tarde he salido. Creí que no vendría, porque usted, según me dijo Robin, se había ido al campo y volvía esta noche y ella tendría que quedarse en casa con usted, porque usted siempre fue muy buena con ella; aunque bien sabe Dios que creo que ya no hay nada entre ustedes, que son sólo 'buenas amigas'; ella me lo ha explicado... Sin embargo, casi me vuelvo loca cuando, al regresar, me doy cuenta de que en mi ausencia ella ha estado aquí. ¡Cuántas veces no me habrá dicho: 'No salgas, porque no sé cuándo voy a poder venir, porque no puedo hacerle daño a Nora.'"

La voz de Nora se ahogó. Luego, siguió hablando:

—Entonces Jenny dijo: «¿Qué piensa usted hacer? ¿Qué quiere que yo haga?» Yo comprendía que ella no podría hacer más de lo que quisiera hacer y que, fuera lo que fuera, aquella mujer era una embustera, por mucha verdad que dijera. Yo estaba muerta. Entonces me sentí más fuerte y le dije que sí, que tomaría una copa. Ella sirvió dos, golpeando el vaso con la botella y derramando el licor en la fea alfombra oscura. Yo pensaba: ¿qué es lo que me hace daño?; y entonces lo supe: era la muñeca, la muñeca que había encima de la cama. —Nora se sentó de cara al doctor—. Cuando damos una muñeca a una niña le regalamos muerte, es la efigie y el sudario; cuando una mujer la regala a otra mujer, le da la vida que no pueden engendrar; es su vida, sagrada y profana; por eso, cuando vi aquella otra muñeca... —Nora no pudo continuar. Se echó a llorar—. ¡No sé de qué especie de monstruosidad formo parte, pero siempre estoy llorando a su lado!

»Cuando llegué a casa, Robin estaba esperándome y por mi tardanza comprendió que había ocurrido algo. Yo dije: "Se acabó. No puedo continuar. Siempre me has mentido, y a ella le has dicho que no había nada entre nosotras. No lo soporto más."

»Ella se levantó y salió al recibidor. De un tirón, descolgó el abrigo del perchero y yo le dije: "¿No tienes nada que decirme?" Ella me miró. Su cara era como algo que ha sido hermoso y ahora te lo encuentras en el río... y salió bruscamente.

—Y tú, llorando —dijo el doctor moviendo la cabeza—. Recorrías la casa a la deriva, abrumada por la falta de peso. Estabas rota y te golpeabas las manos, riendo como una loca y canturreando y cubriéndote la cara con las manos. Los ademanes del teatro están sacados de la vida, y al sorprenderte a ti misma utilizándolos sentiste confusión y vergüenza. Cuando salías a buscar a alguien para aturdirte, la gente decía: «¡Por el amor de Dios, mirad a Nora!» Y es que la demolición de una ruina monumental es un espectáculo espléndido y sobrecogedor. ¿Y tú por qué quieres hablar conmigo? Porque yo soy la otra mujer olvidada por Dios.

—No hay nada que nos guíe, Matthew —dijo ella—. No sabe uno hacia dónde ir. Un hombre es otra persona; una mujer es siempre tú misma, sorprendida en el momento en que vuelves la cara con pánico; en su boca besas tu propia boca. Si te la quitan gritas como si te robaran a ti misma. Dios se ríe de mí, pero su risa es mi amor.

—Tú te has muerto y has resucitado por amor —dijo Matthew—. Pero, a diferencia del asno que vuelve del mercado, tú llevas siempre la misma carga. ¡Oh, por los clavos de Cristo! ¿Es que nunca te dio asco? ¿Nunca te alegraste de tener la noche para ti sola y cuando por fin ella volvía no deseabas que no hubiera vuelto?

—Nunca y siempre; temía que pudiera volver a ser buena conmigo. Y ése es un miedo terrible —dijo—. Miedo al momento en que ella hiciera con sus palabras un lenguaje secreto, que nadie más que nosotras podría compartir, y dijera: «No me dejes, o no podría seguir viviendo.» Pero una noche corría detrás de mí por el barrio de Montparnasse adonde yo había ido a buscarla porque me habían llamado para avisarme de que estaba enferma y no podía volver a casa; yo había dejado de salir con ella porque no podía soportar «lo que veían mis ojos»; corría detrás de mí durante varias travesías, diciendo con un jadeo furioso: «¡Eres un demonio! ¡Todo lo ensucias!» Yo había tratado de quitarle unas manos de encima. Siempre la sobaban cuando estaba borracha. «¡Haces que me sienta sucia, cansada y vieja!»

»Yo me volví hacia la pared. Se paraba la gente, y policías. Yo tenía frío y estaba avergonzada. "¿Lo dices en serio?", pregunté. Me dijo que sí. Apoyó la cabeza en el hombro de un policía. Estaba borracha. Él la tenía asida por la muñeca y le había puesto una mano en el trasero. Ella no protestaba, porque no se daba cuenta y seguía escupiéndome cosas horribles. Entonces me fui de allí muy de prisa. Me parecía que tenía la cabeza en un lugar muy grande. Ella venía corriendo detrás de mí. Yo seguí andando. Tenía frío, pero ya no estaba desesperada. Ella me agarró del hombro y se arrimó a mí sonriendo. Tropezó y yo la sostuve, y entonces, al ver a una pobre prostituta astrosa dijo: "Dale dinero, ¡todo el dinero!" Tiró los francos al suelo y se agachó delante de la desgraciada criatura y le acariciaba el pelo, gris con el polvo de los años, diciendo furiosa: "Todos están dejados de la mano de Dios, y tú más que nadie, porque no quieren dejarte ser feliz. No quieren que bebas. ¡Pues toma, bebe! Yo te doy dinero y te doy permiso. Estas mujeres son todas como ella. Todas son buenas, todas quieren salvarnos." Se sentó al lado de la mujer.

»El *garçon* y yo tardamos media hora en ponerla de pie y llevarla hasta el portal, y cuando la tuve allí ella empezó a debatirse con tal fuerza que, de pronto, sin pensar, por el cansancio y la desesperación, le di una bofetada; y entonces ella tuvo un sobresalto y sonrió y subió las escaleras conmigo sin una protesta. Comía huevos, sentada en la cama y me llamaba: "¡Ángel! ¡Ángel!" Y luego se comió mi ración, se echó y se quedó dormida. Entonces yo la besé, le acaricié las manos y los pies y dije: "Muérete ahora, y tendrás paz, y no volverán a tocarte con manos sucias, y no cogerás mi corazón y mi cuerpo y lo darás a oler a los perros. Muérete ahora y serás mía para siempre." ¿Quién tiene derecho a eso? —Nora hizo una pausa—. Sólo era mía cuando estaba borracha y había perdido el conocimiento, Matthew. Eso es lo terrible, que al final sólo era mía cuando estaba completamente borracha. Yo en ningún momento creí que su vida fuera lo que era y, sin embargo, el que no lo creyera demuestra que algo anda mal en mí. Yo la veía como una niña grande que ha crecido de prisa, pero que necesita ayuda y seguridad. Porque ella estaba en su propia pesadilla. Yo trataba de salvarla, pero era como una sombra en su sueño y nunca podía alcanzarla a tiempo. Como el grito del que duerme no tiene eco, yo era el eco que trataba de contestar; ella era como una nueva sombra que caminaba peligrosamente cerca del telón exterior y yo me desesperaba porque estaba despierta y la veía y no podía alcanzarla, ni quitarle de encima a la gente, y la sombra se movía casi sin andar, con cara de santa y de idiota.

»Y llegó aquel día que recordaré toda mi vida en que dije: "¡Se acabó!"; ella dormía, yo la desperté golpeándola. La vi despertar y degenerar delante de mí, ella que durante aquel sueño había conseguido mantenerse íntegra. Matthew, por el amor de Dios, di algo, eres lo bastante bestia como para decirlo, ¡di algo! Yo no sabía, no sabía que al final sería yo la que haría lo más terrible. Hasta entonces no la había alcanzado la podredumbre y allí, ante mis ojos, la vi de repente corrompida y marchita, porque yo había disipado su sueño. Yo me desesperé, y desde entonces estoy desesperada, y no hay nada que hacer, nada. Di algo, por Dios, di algo.

—¡Basta ya! ¡Basta ya! —exclamó él—. ¡Deja ya de gritar! ¡Baja esas manos! ¡Tú eras una «buena mujer», es decir, una pécora, en un plano elevado, la única capaz de matarte a ti misma y a Robin! Robin se apartaba del «tipo humano», era una criatura salvaje, presa en una piel de mujer, monstruosamente sola, monstruosamente vanidosa; como el paralítico de la feria de Coney Island... quítale a un hombre su conformidad y le habrás quitado su remedio, que tenía que permanecer echado de espaldas en una caja, pero era una caja forrada de terciopelo y el hombre llevaba los dedos llenos de sortijas, y suspendido sobre él en un lugar del que no podía apartar los ojos, había un espejo con marco azul celeste, porque el hombre quería gozar de su propia «diferencia». Robin no está en tu vida, tú estás en su sueño y nunca saldrás de él. ¿Y por qué se siente inocente Robin? Cada cama que abandona con indiferencia le llena el corazón de paz y felicidad. Ella ha vuelto a conseguir su «evasión». Por eso no puede ponerse en el lugar de otro, la suya es la única «posición»; por eso le duele que le reproches lo que hace. Ella se sabe inocente porque no puede hacer nada en relación con nadie más que consigo misma. Tú casi la apresaste, pero ella supo escabullirse muy inteligentemente convirtiéndote en la *Madonna*. ¿De qué te habrán servido tu paciencia y tu terror de todos estos años, si no supiste conservarlos por el bien de ella? ¿Tenías tú que adquirir de ella la sabiduría?

»¡Oh, por el dulce amor de Dios!, ¿es que no podías resistir el no aprender tu lección? Porque, si aprendemos una lección, es siempre a costa de dar a nuestro amante la muerte y una espada. Tú rebosas orgullo, pero yo soy una vasija vacía que sigue adelante, rezando mis oraciones en un lugar oscuro, porque sé que nadie ama, y yo menos que nadie, y que nadie me ama a mí. Esto es lo que hace a la mayoría de la gente tan apasionada y tan brillante. Porque ellos quieren amar y ser amados, cuando todo se reduce a una pequeña mentira dicha al oído, para hacer que el oído olvide lo que nos trae el tiempo. Por eso yo, el doctor O'Connor, te digo: arrástrate despacito, despacito, y no aprendas nada, porque siempre se aprende del cuerpo ajeno; obra en tu corazón y cuida a quien amas, porque un amante que muere, por olvidado que esté, se lleva a la tumba algo de ti. Sé humilde como el polvo, tal como Dios quería, y arrástrate, hasta que arrastrándote llegues al final del arroyo, y nadie te echará de menos ni te recordarán demasiado.

—A veces —dijo Nora—, se quedaba en casa todo el día, mirando por la ventana, jugando con sus juguetes, sus trenes, sus animales y sus coches de cuerda, con sus muñecas, y sus canicas, y sus soldados. Pero sin dejar de observarme, para asegurarse de que nadie me visitaba, de que no sonaba el timbre, de que no recibía correspondencia, ni nadie llamaba desde el patio, a pesar de que ella sabía que ninguna de estas cosas podía ocurrir, que mi vida era suya.

»A veces, si se había emborrachado al anochecer, la encontraba en el centro de la habitación, vestida de hombre, girando sobre sí misma, con la muñeca que nos había comprado, nuestra "hija", en alto, como si fuera a arrojarla al suelo, y una expresión de furor en la cara, y una vez, cuando volvió a casa a eso de la tres de la madrugada, se indignó porque, excepcionalmente, yo no había estado allí todo el tiempo esperando. Agarró la muñeca y la tiró al suelo, y la pisoteó, clavándole el tacón. Cuando yo me acercaba por detrás, llorando, le dio un puntapié, y su cabeza de porcelana quedó hecha añicos y las falditas rígidas temblaban dando tumbos por el suelo.

El doctor juntó las palmas de las manos.

—Si tú, que a fuerza de amor estás sedienta de sangre, la hubieras dejado en paz, ¿qué habría ocurrido? ¿Es que una muchacha perdida de los tiempos de Dante habría seguido siendo una muchacha perdida si él se hubiera fijado en ella? Ella habría sido recordada, y los recordados visten el traje de la inmunidad. ¿Imaginas que Robin no tenía derecho a pelear contigo con su única arma? Ella descubrió en ti ese ojo temible que siempre haría de ella un blanco. ¿Acaso las niñas no han hecho otro tanto con la muñeca? La muñeca, sí, blanco de cosas pasadas y por venir. ¡La última muñeca, la que se da a los mayores, es la muchacha que hubiera debido ser chico y el chico que hubiera debido ser muchacha! El amor por esta última muñeca se prefiguraba en el amor por la primera. La muñeca y el inmaduro tienen algo bueno: la muñeca porque parece tener vida y no la tiene y el tercer sexo porque tiene vida y se parece a la muñeca. ¡La cara bendita! ¡Debería ser vista sólo de perfil, de lo contrario nos parece la conjunción de las mitades idénticas y escindidas de la zozobra asexuada! Su reino no tiene precedente. ¿Por qué crees tú que he pasado casi cincuenta años llorando por los bares si no porque soy uno de ellos? ¡El ángel deshabitado! ¡Eso es lo que siempre estuviste persiguiendo!

—Matthew, ¿será que quizá existen los demonios? ¿Quién sabe si hay demonios? Quizá se han asentado en los deshabitados. ¿Fui yo su demonio al tratar de darle consuelo? Yo entro en mis muertos y no les llevo consuelo, ni siquiera en mis sueños. En mi sueño estaba mi abuela, a la que he querido más que a nadie, enredada en la hierba de la tumba, con flores que volaban alrededor; o tendida en la tumba, en el bosque, en un ataúd de cristal y, volando bajo, mi padre, que todavía vive, venía rasando el suelo y entraba en la tumba, a su lado, con la cabeza echada hacia atrás y los rizos sueltos, peleando terriblemente con la muerte de ella y yo, caminando sobre el borde, llorando en silencio; girando y girando, mientras los veía luchar con aquella muerte, como si lucharan con el mar y mi vida; yo lloraba sin poder hacer nada ni apartarme de ellos. Allí estaban los dos, en el cristal de la tumba y en el agua de la tumba, y las flores de la tumba, y el tiempo de la tumba, uno vivo y la otra muerta. Y, otra, dormida. Aquello no acababa nunca, aunque se había parado. Mi padre dejó de pegar y se quedó flotando, a su lado, inmóvil, pero derivando hacia un lugar estrecho. Y yo desperté y aquello continuaba; se hundía en la tierra oscura de mi despertar, como si yo los enterrara con la tierra de mi sueño perdido. Esto le hice a la madre de mi padre. Soñando a través de mi padre. Y los he atormentado con mis lágrimas y con mis sueños, porque todos volvemos a morir en el sueño de otro. Y esto le hice a Robin: sólo a través de mí ella morirá una y otra vez y sólo a través de mí, de toda mi familia, mi abuela muere una y otra vez. Me levanté de la cama y, poniendo las manos entre las rodillas, pregunté: «¿Qué estaba diciéndome ese sueño? Por el amor de Dios, ¿qué sueño era ése?» Porque también era por mí.

De pronto, el doctor Matthew O'Connor dijo:

—Lo que yo ansío es a mi madre, ¡sin discusión! —Y luego, con voz potente, tronó—: ¡Madre de Dios, yo quería ser hijo tuyo, me habría conformado con ser el segundón, el bien amado y desconocido!

—¡Oh, Matthew! No sé qué hacer. No sé hacia dónde volverme. Si la ves, dile que siempre la tengo en mis brazos y siempre la tendré, hasta la muerte. Dile que haga lo que tenga que hacer, pero que no olvide.

—Díselo tú —respondió el doctor—. O quédate sentada con tu pena, si lo prefieres; lo mismo les ocurre a los armiños, esos preciosos armiños amarillos que tan caros pagan las señoras. ¿Cómo adquirieron ese color tan valioso? Quedándose sentados en la cama toda la vida, meándose en las sábanas o llorando a su manera. Ocurre lo mismo con las personas; sólo tienen valor cuando se exponen a las «inmundicias», las suyas y las del mundo. El ritual en sí constituye la iniciación. De manera que regresamos al lugar del que partí; rézale al buen Dios que Ella te protegerá. Personalmente, le llamo «Ella» por haberme hecho así. De este modo, queda compensado el error. —Se levantó y se acercó a la ventana—. Esa inapreciable galaxia de desinformación que llamamos mente, uncida a esa espléndida y deshilachada fuerza de coerción llamada alma, bajando al paso por la senda casi borrada del bien y del mal, trazada al azar... es el sagrado *habeas corpus*, la forma por la que el cuerpo es llevado a presencia del juez... de todos modos... al final Robin querrá verte en un convento, donde está lo que ella amaba, puesta a buen recaudo, segura, porque tal como estás no haces sino «sacarla a flote» una y otra vez, como los cañones sacan a flote a los muertos de las aguas profundas.

—Al final, todas venían a mí —dijo Nora—, todas las muchachas a las que Robin volvía locas. ¡A mí! ¡Para que las consolara! —Se echó a reír—. ¡Dios mío, la de mujeres que habré tenido sobre las rodillas!

—Las mujeres nacen de rodillas —dijo el doctor—; por eso yo nunca pude hacer nada con ellas; yo estoy casi siempre sobre las mías.

—De pronto, comprendí lo que había sido mi vida, Matthew, lo que yo esperaba que fuera Robin, el tormento seguro. Es lo mejor que nos cabe esperar, excepto la esperanza. Si yo, llorando, le pedía que no saliera, ella salía de todos modos, y mientras bajaba la escalera se sentía más ufana, porque yo la había conmovido.

—Con ese pan crían los leones la melena y echan los dientes los zorros —comentó el doctor.

—Cuando yo trataba de impedirle que bebiera y que pasara las noches fuera de casa y que se envileciera, ella decía: «¡Ah, me siento tan limpia y tan contenta!», como si la cesación del insulto fuera su única felicidad y paz de espíritu; y yo peleaba con ella como con los entresijos de mi propio corazón, sujetándola del pelo, golpeándola contra mis rodillas, como la gente que, en la aflicción, se da palmaditas en las manos; y ella, como si fuera un juego, se incorporaba y apoyaba la cabeza en mi regazo, como un niño se mece en la cuna para excitarse, aunque sea por alguien al que han rajado con un puñal. Yo creí que la amaba por sí misma y descubrí que la amaba por mí misma.

—Lo sé —dijo el doctor—. Tú, sentada en todo lo alto, como en un trono, con un rosal en el trasero.

Ella le miró sonriendo.

—¿Cómo lo has adivinado?

—Yo soy una señora y no tolero insultos. Lo sé y basta.

—Sí —dijo ella—. Tú sabes lo que ninguno de nosotros sabrá hasta que haya muerto. Tú ya estabas muerto al principio.

Avanzaba el crepúsculo. En torno a los faroles de la calle había una bruma espesa.

—¿Por qué no descansas ahora? —preguntó el doctor—. Tu cuerpo te lo pide y el cuerpo también tiene su política, y una vida que a ti te gusta creer que es tu vida. Yo tuve una vez un espíritu nuevo, pero comprendí que era un misterio que se volvía siempre hacia el exterior y que no era mío.

—Lo sé —dijo ella—. *Ahora* lo sé. —Bruscamente, empezó a llorar y a retorcerse las manos—. Matthew, ¿nunca has querido a alguien y luego resultó que eras tú mismo?

Él tardó en contestar. Levantó la botella a contraluz.

—Robin puede ir a cualquier parte y hacer cualquier cosa —prosiguió Nora—. Porque ella se olvida y yo no puedo ir a ningún sitio porque yo recuerdo. —Se acercó a él—. Matthew, ¿tú crees que siempre he sido así? Hubo un tiempo en que yo era impenitente, pero éste es otro amor, va conmigo a todas partes; no ceja y me está devorando. ¿Cómo iba ella a decirme algo si no tenía nada que decirme que no la acusara?

—Tú sabes que nosotros éramos doce hermanos, que nos criamos trece y que algunos vivimos —dijo el doctor—. Uno de mis hermanos, al que yo más quería, se murió cuando hacía ya cuatro años que no nos veíamos. ¿Y con quién crees tú que quería hablar mi madre? No con los que le habían visto hasta el fin sino conmigo, que le había visto mejor que nadie, como si mi recuerdo de él fuese él mismo; y puesto que tú olvidas a Robin mejor que nadie, es a ti a quien acude una y otra vez. Viene temblando y desafiando, beligerante, de acuerdo, pero es para que tú puedas devolverla a sí misma tal como tú la olvidaste; tú eres la única lo bastante fuerte como para haber escuchado a la acusación, tu vida; y para haber construido la asombrosa defensa, tu corazón.

»El escalpelo y las Escrituras me han enseñado lo poco que no sabía ya. Yo me defendía bastante bien —dijo secamente— hasta que tú levantaste mi piedra de un puntapié y tuve que salir, todo musgo y ojos; y aquí me tienes tan desnudo como esas criaturas a las que les han arrancado la casa por diversión, y era mi única piel... y yo que no quería sino consolarte. ¿Es que tengo que sacrificar mi paraíso, esa espléndida aclimatación, para consuelo de lloronas y melancólicos? Mira a Felix ahora. Valiente judío está hecho. Arremetiendo contra la tradición como un murciélago contra el cristal de una ventana, en lo alto de la ciudad, con un hijo que es un niño que llora “sobre tumbas de esperanza y placer perdidos”.

»Ah, sí, yo amo a mi prójimo. Caemos juntos como una manzana podrida pegada a otra manzana podrida, sin una vacilación en la podredumbre, porque si la intuyo, aprieto el pecho con más firmeza para que se pudra tan de prisa como yo, que es lo que necesita, si es que no confundo el grito. ¡Yo, que me pudro más aprisa que cualquier fruto! El calor de su supuración mezcla su corazón con el mío y ha llevado al mío a su cenit antes de tiempo. El estorbo de mí mismo lo deseché hace tiempo para poder ir con mis debilitados amigos pecho contra pecho. ¿Y crees tú que me quieren por eso? Conque me he divorciado de mí no porque fuera más feo de lo que Dios se atreviera a premeditar sino porque con mis propensiones y el conocimiento del mal he dañado mi propio valor. ¿Y la muerte? ¿Has pensado en la muerte? ¿Qué riesgo corres? ¿Sabes ya cuál morirá primero, si tú o ella? ¿Y qué parte es la más lastimosa, la cabeza o los pies? Yo, con el bueno de don Anticolo, digo que los pies. Cualquiera puede mirar a la cara de los muertos, pero nadie puede mirar los pies. Están espantosamente despegados de la tierra. También yo lo he pensado. ¡Por el amor de Dios! —gritó de pronto—. ¿Es que te has creído que soy tan feliz que puedes venir a colgarte de mi cuello para llorar cuando se te antoje? ¿Es que te has creído que no hay en este mundo más pena que la tuya? ¿No hay por ahí un santo paciente y abnegado? ¿Es que nadie puede ofrecernos un pan que no venga untado de amarga manteca? Yo, tan buen católico como el que más, he abrazado todo tipo de esperanzas y sin embargo sé muy bien que a pesar de todos nuestros clamores y nuestras luchas, para la próxima generación no seremos el estiércol descomunal de dinosaurio sino la motita que deja el colibrí; de manera que más vale cantar nuestro *Chi vuol la Zingarella...* ¡y cómo les gusta a las mujeres!, mientras yo entono mi *Sonate au Crépuscule,* agregando, de regalo, *Der Erlkönig* y, ¿cómo no?, *Who is Sylvia?* ¿Y quién es cualquiera?

»¡Oh! —exclamó—. ¡Tú tienes un corazón destrozado! Pues yo tengo los pies planos, caspa, un riñón flotante, los nervios deshechos *y* un corazón destrozado! ¿Y acaso ando por ahí gritando que un águila me tiene agarrado por las bolas o me ha dejado caer su plasta en la cabeza? ¿Voy por ahí gritando que me duele, que me vuelvo loco, o sujetándome las tripas como si fueran un lío de cuchillos? ¡Pero tú no haces más que gritar y hacer mohínes y alargar la mano y dar vueltas y vueltas! ¿Voy yo a llorar a las montañas por las penas que he sufrido en el valle, o me quejo a cada piedra del camino por los huesos que me ha roto, o por cada mentira que me ha caído en el vientre y ha hecho un nido para empollarme hasta mi muerte? ¿Acaso no tiene cada uno en este mundo su chifladura particular y no soy el más loco de todos? De manera que vengo resistiéndome y mugiendo como una ternera camino del matadero que sabe que sus gritos no han de recorrer más que media vara para protestar de su muerte... como su muerte no tiene que recorrer más que una vara para protestar de su mugido. ¿Acaso te paseas por el supremo cielo sin zapatos? ¿Eres tú la única persona que ha pisado el rastrillo con el pie descalzo? ¡Pobre vaca ciega! No vengas a incordiar. Me revuelves las plumas y me atosigas, recordándome mis males. ¿Qué fin es dulce? Hasta el pelo termina en punta. ¿Y son dulces las puntas del pelo cuando tienes que contarlas?

—Escúchame —dijo Nora—. Tienes que escucharme. A veces, al volver después de haber pasado la noche por toda la ciudad, se acostaba a mi lado y me decía: «Quiero hacer feliz a todo el mundo», y lo decía con la boca triste. «Quiero que todo el mundo esté contento, contento. Tú eres la única que no debe ser feliz», me decía abrazándome. «Tú no, sólo todos los demás.» Ella sabía que estaba volviéndome loca de pena y de miedo; pero no podía remediarlo, porque ya estaba lejos y esperando empezar. Por eso ella odia al que tiene a su lado. Por eso se deja atrapar por todo, como el que está soñando. Por eso desea que la quieran y que la dejen en paz, todo al mismo tiempo. Ella mataría al mundo para llegar a sí misma, si el mundo se atravesara en su camino, y el mundo se *atraviesa* en su camino. Sobre ella se proyectaba una sombra, mi sombra, y eso la volvía loca. —Empezó a pasear otra vez—. Yo he sido amada —dijo—, amada por algo extraño que me ha olvidado. —Tenía fija la mirada y parecía hablar consigo misma—. Era yo, *yo,* la que le ponía los pelos de punta porque la amaba. Ella se rebelaba porque yo daba una dimensión colosal a su destino. Ella buscaba mentalmente la oscuridad, dejar en la sombra todo aquello que no podía cambiar: su vida depravada, su vida nocturna; y yo, yo se lo impedía. Ya no caben explicaciones —dijo Nora—. Ya es tarde para eso. Huelgan explicaciones entre los que han amado demasiado, de modo que para mí no puede haber final. Lo malo es que yo no puedo esperar siempre —dijo frenéticamente—. ¡Yo no puedo vivir sin el corazón!

»Al principio, cuando Robin se fue a América con Jenny, estuve buscándola por los puertos. No literalmente; de otra forma. El sufrimiento es deterioro del corazón; todo aquello que hemos amado se convierte en lo "prohibido" cuando no lo hemos comprendido, del mismo modo que el pobre es el rudimento de la ciudad porque sabe de la ciudad algo que la ciudad, a causa de su propio destino, pretende olvidar. De manera que el que ama tiene que violentar la Naturaleza para encontrar el amor. Yo busqué a Robin en Marsella, en Tánger, en Nápoles, a fin de comprenderla, a fin de dominar mi terror. Me decía: "Haré lo que hacía ella, amaré lo que ella amaba y así volveré a encontrarla." En un principio, parecía que lo único que yo tenía que hacer era "disiparme", buscar a las muchachas que ella amó, pero descubrí que no eran más que unas chiquillas a las que ella había olvidado. Recorría los cafés en los que Robin hacía su vida nocturna; bebía con los hombres y bailaba con las mujeres, pero lo único que descubría era que otros habían dormido con mi amante y con mi hija. Porque Robin también es el incesto; ése es uno de sus poderes. En ella se cifra el tiempo pasado, y el tiempo pasado es patrimonio de todos. Sin embargo, sin ser familia, está más presente que la familia. Un familiar se hace presente cuando nace, cuando sufre y cuando muere, a no ser que se convierta en tu amante, y entonces tiene que serlo todo, como lo era Robin; y, al mismo tiempo, no tanto como ella, porque Robin era como un pariente hallado en otra generación. Yo pensaba: "Haré algo que ella no pueda perdonar y entonces podremos volver a empezar como dos desconocidas." Pero el marinero no pasó del recibidor. Dijo: "*Mon Dieu, il y a deux chevaux de bois dans la chambre à coucher.*"

—¡Hostia! —murmuró el doctor.

—Entonces dejé París —prosiguió Nora—. Recorrí las calles de Marsella, el puerto de Tánger y el *basso porto* de Nápoles. En las calles estrechas de Nápoles, enredaderas y flores cubrían las paredes ruinosas. Debajo de las grandes escalinatas de las calles dormían los mendigos al lado de imágenes de san Genaro; las muchachas que iban a rezar a la iglesia llamaban a los chicos en las plazas. En los portales ardían a todas horas las lamparillas ante chillonas estampas de la Virgen. En una habitación que daba al callejón, delante de una cama cubierta con una pesada colcha barata de satén, una muchacha estaba sentada en una silla apoyada en el respaldo con un brazo sobre él y el otro colgando, como si la mitad de ella durmiera y la otra mitad sufriera. Al verme se echó a reír, como ríen las niñas, cohibida. Al mirar a la *Madonna* con sus velas, comprendí que para ella aquella imagen era lo que yo había sido para Robin, no una santa, ni mucho menos, sino una desazón constante, el espacio entre la cabeza humana y la cabeza santa, la palestra del eterno «indecente». En aquel momento, yo me encontraba en el centro del erotismo y la muerte, la muerte que hace más pequeños a los muertos, al igual que el amante al que hemos empezado a olvidar se reduce y desdibuja; porque el amor y la vida son una masa de la que pueden extraerse el cuerpo y el corazón, y yo comprendí que sobre aquella cama Robin me habría derribado. En aquella cama habríamos relegado nuestras vidas a los confines de la memoria, fundido nuestros miembros, como se funden las figuras de cera para reducirlas a su anécdota, y así nosotras habríamos sido reducidas a nuestro amor.

Tambaleándose, el doctor recogió el sombrero y el abrigo. Se quedó inmóvil, en un silencio violento y triste. Se fue a la puerta; con el picaporte en la mano, se volvió a mirar a la mujer. Luego se fue.

El doctor, con el cuello del abrigo subido, entró en el Café de la Mairie du VIe. Se acercó al mostrador y pidió una copa; mirando a la gente que había en el pequeño local, saturado de humo azul, se dijo: «¡Escucha!» Le inquietaba Nora, la vida de Nora y la vida de las personas de su vida. «¡Entre la niebla camina el hombre!», dijo. Colgó el paraguas del borde del mostrador. «Pensar es estar enfermo», le dijo al camarero. El camarero asintió.

Los clientes del café esperaban lo que iría a decir el doctor, sabiendo que estaba borracho y que hablaría; sus declaraciones brotaban en largas frases declamatorias; nadie sabía lo que era verdad y lo que no lo era. «Si de verdad quieres saber lo duro que pega un boxeador —dijo mirando en derredor—, tienes que meterte en el círculo de su furia y aguantar hasta que se te lleven arrastrando de los talones y no sólo hasta la cuenta de diez.»

Uno se rió. El doctor se volvió lentamente:

—¿Tan seguro te sientes? —preguntó sarcásticamente—. ¿Tan condenadamente seguro? Bien, espera a verte en la cárcel pateando de desconsuelo. —Alargó la mano hacia la copa, murmurando entre dientes—: Matthew, nunca encajaste a tiempo en la vida de nadie y nunca serás recordado. ¡Que Dios nos guarde un puesto vacante! Hasta el mejor instrumento se desafina con el tiempo... eso es todo, el instrumento se rompe, y debo tener eso presente cuando todo el mundo me sea extraño; es el instrumento que no responde. Lapidario, grábamelo en la losa cuando Matthew esté acabado y perdido en un campo. —Miró en derredor—. Es el instrumento, señores, que ha perdido el *la*, que, si no, estaría tocando una bonita melodía; si no, lanzaría su viento con el viento del Norte... o sea que se tocaría el bombín.

»Sólo los despreciados y los ridículos son tema de buenas historias —agregó irritado, al ver sonreír a los *habitués*—, ¡conque ya podéis imaginar lo que será la vuestra! La vida no da más que para un oficio. ¡Ése es el que tenéis que probar!

Un cura que había colgado los hábitos, un hombre grueso y pálido, con manos de mujer y con muchas sortijas, amigo del doctor, le llamó y le invitó a un trago. El doctor se acercó, llevando cuidadosamente el paraguas y el sombrero. El cura le dijo:

—Siempre quise saber si *realmente* se casó usted o no.

—¿Y yo he de saberlo? —preguntó el doctor—. Yo he *dicho* que estaba casado, y di nombre a la chica y tuve hijos con ella, y luego ¡presto! la maté con la misma facilidad con que mueren los cisnes. ¿Y se me reprochó esa historia? Sí. Porque incluso a tus amigos les duele llorar por un mito, ¡como si no fuera éste el destino de casi todas las lágrimas del mundo! ¿Y qué, si la muchacha *era* la mujer de mi hermano y los hijos, los hijos de mi hermano? Cuando la tendí, sus miembros estaban tan bonitos y tan quietos como dos ramas de la poda de mayo. ¿Hizo él tanto por ella? Yo la llevaba en mi corazón tan pura como una estampa francesa, una muchacha toda pecho menudo y jaula de pájaro, tendida cómodamente con el mar al fondo y una guirnalda de rosas que la sostenía. ¿Se trató mejor a la esposa de alguien? ¿Quién dice que no habría podido ser mía y míos los niños? ¿Y quién dice —agregó con violencia—, quién dice que no son míos? ¿Es que un hermano no es también su propio hermano, la misma sangre cortada a pedazos, uno llamado Michael y el otro Matthew? Es sólo que la gente se desconcierta al verlos ir en distintas direcciones. ¿Quién dice que yo no soy el marido de la mujer de mi hermano y que sus hijos no fueron engendrados en mi seno? ¿No es un honor para él que yo lo vea como yo mismo? Y, cuando ella murió, ¿mitigó mi llanto su llanto?

—Bien —dijo el ex cura—, eso tiene sentido. De todos modos, me gustaría saber qué hay de verdad.

—Le gustaría saber —dijo el doctor—. Pues por eso se ve como se ve, en la calle y desplumado, como los patos del parque Golden Gate, el parque más grande en cautividad. Todo el mundo, con su condenada bondad les da de comer durante todo el año, y eso es su perdición, porque cuando llega la época de volar al Sur, entonces viene la amarga consternación, porque de tan gordos no pueden alzar el vuelo, y hay que verlos, Dios mío, aletear como desesperados en el otoño, gritando y mesándose el pelo, porque su naturaleza está lastrada por el pan y su migración, impedida por las migajas. Te retuerces las manos al verlo y ése es otro ejemplo del amor; al fin estás tan gordo, con la gula del estómago, que no puedes ni moverte. Y —agregó— a mí me ocurriría otro tanto, si me descuidara, con el viento que sopla por un lado y el ciclón por el otro. De todos modos, a algunos los he descuidado por el bien de mi espíritu, los veteranos de la Guardia y los alabarderos de la Torre de Londres, por el riñón frío y por las canas, ésos y la clase de muchacho que sólo conoce dos existencias: él y el espejo, por detrás y por delante. —Estaba muy borracho. Sorprendió a uno dando un codazo al vecino. Miró al ex cura y juró—: ¡Qué gente! Todos, raros pero repugnantes. Una vez, en este mundo, había algún que otro raro *decente*... pero ninguno de vosotros los conocerá —dijo dirigiéndose a la concurrencia—. Os habéis creído cuajados de brillantes, ¿no? Bueno, levantad los brillantes y encontraréis carne de babosa. ¡Dios mío! —dijo girando sobre sí mismo—. ¡Cuando pienso! —Golpeaba la mesa con el vaso—. ¡Malditos sean todos! ¡Toda la gente de mi vida que me ha amargado la vida, que venía a mí para saber de la degradación y de la noche! Nora, golpeándose el corazón con la cabeza, encorvada sobre sí misma, cerrándose la vida con el pensamiento como se cierra un abanico, podrida hasta los huesos de amor por Robin. ¡Dios mío, cómo se aferra esa mujer a una idea! ¡Y esa vieja grulla de Jenny! ¡Oh, es una soberbia historia sórdida! ¿Quién dice que yo sea un delator? ¡Hay que contar al mundo la historia del mundo, digo yo!

—Corren tiempos tristes y corrompidos —dijo el ex cura.

Matthew O'Connor pidió otra copa.

—¿Y para qué acuden a mí? ¿Por qué me lo cuentan todo, si piensan que se me quedará dentro, como el conejo que va a morir a la madriguera? Y ese barón Felix, que maldito si ha dicho ni una palabra en toda su vida, pero tiene unos silencios que crían como el musgo en un estanque; y ese hijo suyo, Guido, suyo y de Robin, tratando de ver con lágrimas en los ojos qué hay al otro lado del Danubio, y Felix agarrado a su mano y el chico, agarrado a la medalla de la Virgen colgada de una cinta roja tirando a granate, sintiendo en el metal un sagrado tironcito hacia arriba y llamándola madre; y yo, que no sé ni de dónde me llegará mi final. Por eso, cuando Felix me preguntó: «¿Es deficiente mi hijo?», yo dije: «¿Era deficiente el rey loco de Baviera?» Yo no soy de los que cortan el nudo arrojándose a un lago, ni siquiera a la huella de una herradura, por mucho que haya llovido.

La gente había empezado a cuchichear y los camareros se acercaron a escuchar. El ex cura sonreía para sí, pero O'Connor parecía no ver ni oír nada que no fuera su propio corazón.

—Hay personas que se tiran de cabeza al primer río que encuentran y seis vasos más allá, en Haarlem, alguien pilla un tifus por haberse bebido su desesperación. Dios, tómame de la mano y sácame de esta gran discusión... cuanto más vayas contra tu naturaleza, más sabrás de ella. ¡Escúchame, Cielo! Yo he hecho y he sido todo aquello que no quería ser ni hacer... Señor, apaga la luz... aquí me tienes apaleado, magullado y llorando, porque ahora sé que no soy lo que creí que era, un buen hombre que hacía mal, sino un mal hombre que no hace gran cosa, y ni esto te diría si no fuera porque estoy hablando conmigo mismo. Hablo de más porque he tenido que sufrir mucho por lo que tú te callas. Yo soy una leona vieja y cansada, acobardado en mi rincón. ¡Por salvar mi valentía, nunca he sido la única cosa que soy, para averiguar lo que soy! ¡Aquí yace el cuerpo del cielo! El pájaro burlón ulula entre los pilares del Paraíso. ¡Oh, Señor! En el cielo yace la muerte sobre un firmamento aborregado con un casco sobre el pecho y, a los pies, un potro con silenciosas crines de mármol. En los ojos le pesa el sueño nocturno.

—Es un tipo muy gracioso —dijo alguien—. No para de hablar. Siempre poniendo en evidencia a unos y otros al tratar de disculparlos porque él no puede disculparse a sí mismo. La bestia agazapada que sale de noche... —Cuando el hombre dejó de hablar, la voz del doctor decía:

—¿Y qué soy yo? Soy un condenado, y cuidadosamente público.

Rebuscó un cigarrillo, lo encontró y lo encendió.

—Una vez, yo escuchaba a un charlatán prestidigitador que decía: «Ahora, señoras y caballeros, antes de que le corte la cabeza al niño, voy a obsequiarles con unos cuantos trucos de salón.» Llevaba un turbante torcido y un gemido en su ventrículo izquierdo que tenía que simular la queja de Tophet, y un taparrabos del tamaño de una tienda de campaña y que ocultaba lo que una tienda de campaña. Bien, empezó con los trucos. Hizo crecer un árbol de su hombro izquierdo y sacó dos conejos de los puños y sostuvo tres huevos en equilibrio sobre la nariz. Un cura que había entre el público se echó a reír, y cuando se ríe un cura a mí me da por retorcerme las manos de inquietud. La otra vez fue cuando Catalina la Grande me mandó llamar para que la sangrara. Se sometió a la sanguijuela con un abandono sajón y barriobajero diciendo: «¡Que beba; siempre quise estar en dos sitios a la vez!»

—¡Por el amor de Dios! ¡Acuérdese por lo menos del siglo en que vive! —dijo el ex cura.

El doctor le miró un momento con indignación.

—Oiga, no me interrumpa —le dijo—. Lo que me hace tan extraordinario es mi facultad para recordar a las personas incluso cuando no están. Son los mozos que parecen más infelices que un cubo los que te traen disgustos, no un hombre con memoria prehistórica.

—Las mujeres también dan disgustos —dijo el ex cura con gazmoñería.

—Ésa es otra historia —dijo el doctor—. ¿Qué otra cosa ha hecho Jenny y qué otra cosa ha hecho Robin? ¿Y Nora, qué hizo sino provocar, al meterlas en casa por la noche como en un gallinero? Y yo ojalá no hubiera tenido un botón en la bragueta. Porque lo que yo haya hecho o dejado de hacer se reduce a eso: para ser apreciada, una alhaja tendría que estar expuesta en campo abierto; ¡pero yo reluzco entre la maleza! Si no quieres sufrir tienes que hacerte pedazos. ¿Acaso las distintas partes de Carolina de Habsburgo no fueron depositadas en tres monumentos a cual más adecuado? El corazón, en los

Agustinos, los intestinos, en San Esteban, y lo que quedaba de su cuerpo, en la cripta de los Capuchinos. Salvada por la división. ¡Pero yo estoy entero! ¡Oh, la luna nueva! A propósito, ¿cuándo sale?

—Borracho y no disimula —dijo uno. El doctor lo oyó, pero ya estaba muy lanzado como para que le importara, muy embarullado como para discutir y ya lloraba.

—Venga conmigo —dijo el ex cura—. Le llevaré a su casa.

El doctor agitó un brazo.

—La venganza es para los que han amado un poco, para algo más que eso apenas basta la justicia. Cualquier día me voy a Lourdes, me coloco en primera fila y me lanzo a hablar de todos vosotros. —Tenía los ojos casi cerrados. Los abrió, miró en torno y se enfureció—. ¡Cristo Todopoderoso! —dijo—. ¿Es que toda esa gente no va a dejarme en paz?

—Venga conmigo —repitió el ex cura—. Le llevaré a casa.

El doctor trató de levantarse. Estaba completamente borracho y, de repente, enojadísimo. Cuando, con un brusco ademán, apartó la mano que pretendía ayudarle, el paraguas cayó al suelo con un ruido de vidrios rotos.

—¡Fuera! ¡Fuera! —gritó—. ¡Qué año condenado! ¡Qué asco de tiempo! ¿Cómo ha sido? ¿De dónde ha venido?

Empezó a gritar con una risa sollozante:

—Todos venga a hablarme... todos sentados encima de mí, más pesados que un caballo percherón. ¡Y venga a hablar! ¡Y el amor que cae al suelo con el lado untado para abajo y el destino que cae con el culo para arriba! ¿Por qué nadie más que yo sabe cuándo termina una cosa? ¡Esa idiota de Nora, aferrándose con uñas y dientes, saliendo a buscar a Robin! Y Felix... ¡Para un judío ni la eternidad es lo bastante larga! Pero había otra persona... ¿quién era, maldita sea, quién era? ¡Si yo los conocía a todos! —decía—. ¡A todos! —Cayó de bruces sobre la mesa con los brazos extendidos, los ojos abiertos, llorando, viendo volar la ceniza a cada sollozo—. ¡Por el dulce amor de Jesucristo! —dijo, y su voz era un susurro—. Ahora que ya habéis oído lo que queríais oír, ¿no podríais dejarme en paz? No es sólo que yo haya vivido mi vida en vano, es que la he contado en vano. ¡Abominable entre los viles! Ya sé que ya terminó todo, todo acabó, y eso nadie lo sabe más que yo, más borracho que una cuba... Demasiado ha durado... —Trató de ponerse en pie y desistió—. Ahora —dijo— esto es el fin... fíjense en lo que voy a decirles... ahora, *¡nada más que cólera y llanto!*

LA POSESA

Cuando Robin llegó a Nueva York con Jenny Petherbridge parecía aturdida. No quiso ni oír hablar de los planes de Jenny de ir a vivir al campo. Dijo que el hotel «bastaba». Jenny no podía con ella; era como si la fuerza motriz que había accionado la vida de Robin, tanto sus días como sus noches, se hubiera agotado. Estuvo una o dos semanas sin querer salir a la calle, y luego, al creerse sola, empezó a rondar por las estaciones, y a subir a trenes en una y otra dirección, a deambular sin rumbo, a entrar en iglesias apartadas, sentándose en el rincón más oscuro o quedándose apoyada en la pared, con un pie vuelto hacia el dedo gordo del otro, con las manos entrelazadas y la cabeza baja. Puesto que había abrazado la fe católica hacía mucho tiempo, ahora entraba en la iglesia como el que abjura de algo; se arrodillaba con la cara entre las manos, mordiéndose la palma, fija en un estupor inmóvil, como el que de pronto oye hablar de muerte; de una muerte que no puede plasmarse hasta que la lengua consternada le da permiso. Con el gesto del ama de casa que viene a poner orden en hogar ajeno, se adelantaba con una vela encendida, la colocaba y daba media vuelta calzándose sus gruesos guantes blancos y, con su zancada lenta, salía de la iglesia. Al cabo de un momento, Jenny, que la había seguido, mirando en derredor para asegurarse de que nadie la observaba, se lanzaba sobre la vela, la sacaba del candelero, la soplaba, volvía a encenderla y la ponía otra vez.

Robin recorría los campos de la misma manera, arrancando flores y hablando a los animales en voz baja. A los que se acercaban a ella, los agarraba tirándoles del pelo hacia atrás, hasta que entornaban los ojos y enseñaban los dientes y ella enseñaba los suyos, como si su propia mano le tirara de la piel del cuello.

Puesto que las citas de Robin eran con algo invisible, puesto que en su lenguaje y en sus gestos había un desesperado anonimato, Jenny se ponía histérica. Acusó a Robin de «comunión sensual con espíritus impuros». Y, al poner su maldad en palabras, se derribó a sí misma. No comprendía nada de lo que Robin sentía o hacía, lo cual era más insoportable que su ausencia. Jenny paseaba por la habitación del hotel, a oscuras, llorando y tropezando.

Robin se acercaba a la zona del país de donde era Nora. Iba estrechando el círculo. A veces, dormía en el bosque; el silencio causado por su llegada volvía a ser roto por los insectos y por los pájaros que regresaban, olvidada la intrusión por efecto de la inmovilidad de Robin, anulada como la gota de agua es anulada al caer en el estanque. A veces, dormía en un banco de la ruinosa capilla (había llevado hasta allí algunos de sus efectos), pero nunca fue más lejos. Una noche, le despertó el ladrido lejano del perro de Nora. Si su aliento llevó al bosque el silencio del temor, ahora el ladrido del perro la hizo incorporarse a ella, rígida e inmóvil.

Medio acre más allá, Nora, sentada junto a

un quinqué, levantó la cabeza. El perro corría alrededor de la casa; se le oía a uno y otro lado; corría dando aullidos; ladraba y aullaba cada vez más lejos. Nora se inclinó, escuchando; empezó a tiritar. Al cabo de un momento, se levantó y abrió puertas y ventanas. Luego se sentó con las manos en las rodillas, pero no podía quedarse esperando. Salió. La noche estaba avanzada. No veía nada. Se dirigió hacia la colina. Ya no oía al perro, pero siguió andando. Encima de ella, oyó un roce entre la hierba, tropezó con unas zarzas pero no gritó.

En lo alto de la colina, recortándose débilmente sobre el cielo, se distinguía el blanco borroso de la capilla; había una raya de luz que recorría la puerta. Nora empezó a correr, jurando y llorando, y ciega se precipitó por la puerta de la capilla.

Encima de un altar improvisado, ardían dos velas delante de una Virgen. Su luz se extendía por el suelo y los bancos polvorientos. Delante de la imagen había flores y juguetes. Allí estaba Robin, de cara al altar, con su pantalón de hombre, en actitud sobresaltada y suspensa, con la mano a la altura del hombro. En el momento en que el cuerpo de Nora chocó con la madera, Robin empezó a inclinarse con el pelo ondeando y los brazos extendidos. El perro retrocedía con las patas delanteras en diagonal, el anca trémula, el pelo erizado, la boca abierta, la lengua colgando por entre sus dientes brillantes, gimiendo y esperando. Ella siguió agachándose hasta que su cabeza rozó la del animal, gateando, con las venas hinchadas en el cuello, debajo de las orejas y en los brazos y las manos, congestionadas y palpitantes al avanzar.

El perro, con todos los músculos temblando, dio un salto atrás. La lengua era un arco de terror. El animal retrocedía y retrocedía mientras ella avanzaba, gimiendo a su vez, adelantando el cuerpo con la cabeza ladeada, enseñando los dientes y gimiendo. Acorralado en el rincón, el perro arqueaba el lomo como para huir de algo que le causaba horror, y parecía alzarse del suelo; por fin se detuvo, arañando la pared de lado con las patas delanteras que mantenía en alto, vacilantes. Luego, con la cabeza gacha, arrastrando el flequillo por el polvo, ella le golpeó el costado. Él lanzó un aullido de espanto e hizo amago de morderla, corriendo alrededor de ella, saltando a un lado y a otro, manteniéndose siempre de cara a ella, golpeando la pared con los cuartos traseros de un lado y de otro.

Entonces también ella empezó a ladrar, arrastrándose tras él, ladrando con un acceso de risa obscena y conmovedora. El perro, agachado, empezó a correr con ella, cabeza con cabeza, como para pasar junto a ella, golpeando el suelo suavemente con sus patas mullidas. Él corría de un lado al otro gruñendo por lo bajo, y ella reía y gruñía con él; gruñían a intervalos más y más cortos, cabeza con cabeza hasta que ella abandonó y se tendió con los brazos a lo largo del cuerpo y la cara vuelta de lado, llorando; y el perro también abandonó y se echó con los ojos inyectados en sangre y la cabeza apoyada en las rodillas de ella.

CARPENTIER
Los pasos perdidos
PRIMERA MEMORIA
Ana Mª Matute
MILAN KUNDERA
La inmortalidad
BOMARZO
Manuel Mujica Laínez
MEMORIAS DE ÁFRICA
Isak Dinesen
LAS EDADES DE LULÚ
LOS CABALLITOS DE TARQUINIA
Duras
HIGHSMITH
Ripley en peligro
EL TURISTA ACCIDENTAL
Anne Tyler
MOIX
Garras de astracán
PRIMAVERA CON UNA ESQUINA ROTA
Mario Benedetti
EL CLUB DE LA BUENA ESTRELLA
Amy Tan
CAPOTE
Música para camaleones
MIGUEL DELIBES
Madera de héroe
ALBERTO MORAVIA
La campesina
WILT
Tom Sharpe
PATRICIA HIGHSMITH
La máscara de Ripley
ADOLFO BIOY CASARES
El lado de la sombra
GRAHAM GREENE
El agente confidencial
LA CANCIÓN DEL VERDUGO
Norman Mailer
OPUS NIGRUM
Marguerite Yourcenar
MARIO VARGAS LLOSA
Pantaleón
MIGUEL DELIBES